流れと対応がチャートでわかる！

子どもと大人の福祉制度の歩き方

浜内 彩乃

ソシム

はじめに

　私は20代のとき、臨床心理士として社会保障制度についてほとんど知らないまま福祉現場に出ることになりました。経験のなかで1つずつ制度や機関について知り、精神保健福祉士・社会福祉士を取得することで体系的に学ぶことも試みましたが、それでも事例に出会うごとに新しい制度についての知識が必要となり、書籍やスマホを片手に調べながら対応していました。

　最近は、わかりやすく説明されている書籍やネット記事があり、助かることも多いですが、制度について書いてあっても実際にどう使えばいいかはわからないことが多く、苦戦しました。そもそも知らない制度については調べることすらできず、検索しても似たような名前のものが多く、どれが必要な情報かの判断に一苦労でした。

　本書は、大人編と子ども編に分け、福祉制度の全体像をチャートで示しながら解説します。各章には登場人物（事例）を出し、場面ごとに区切って利用できる制度等を説明しました。本書の特徴や使い方については、11頁を参照ください。

　本書に記したものは、多くの社会福祉制度の一部でしかありません。私が実践してきた児童福祉領域と精神保健福祉領域がメインであり、高齢福祉や身体障害者領域、多文化領域など不充分なところもあります。「この本1冊ですべてがわかる！」なんてカッコいいことはとても言えません。それだけ日本の社会保障制度は多様かつ複雑です。そのため本書のなかにも多くの参考文献や資料を提示しましたが、それでもすべてを網羅することはできていません。

　本書は「社会保障制度の全容がわからない」「似た名称のものの違いがわからない」など、現場で困っていた当時の自分がほしかった1冊です。そのため、根拠法や名称の変遷などをできる限り入れ、ネットや書籍では検索しにくいことをメインに書き、記載順も法律でそろえるので

はなく、臨床事例にそってまとめました。

　チャートを作成する際、あまりに複雑なため「仕上げられないのでは」と心が折れそうになりました。だからこそ、困っている方々に適切な支援を届けられるよう、多くの支援者が理解できるように仕上げたいと奮起できました。当事者やその家族の方にも参考になるところはあると思いますが、ぜひとも対人援助職のみなさまに手に取っていただき、自分の専門領域でないところも知るきっかけになれば幸いです。

　最後なりましたが、目を惹きつけるカバー、素敵なチャートを作成してくださったカバーデザイナーの二ノ宮匡様、本書に沿った絵を描いてくださったぷーたく様、紙面を的確に組み上げていただいた本文DTPの初見弘一様、各制度について教えてくださったり、チャートのチェックをしてくださったりした皆様、そして短期間でも的確にご指示いただき、本書を出版することにご尽力いただいたソシム株式会社の蔵枡卓史様に深く感謝申し上げます。

　2024年3月

　　　　　　　　　　　　　　　　　　　　　　　　　　　浜内彩乃

第 **1** 章　大人編

メンタル不調で休職し、体調の回復から再就職に至った山田さんのケース

第 **2** 章　大人編

統合失調症の診断を受け、
ひきこもり生活から
自立生活に至った
鈴木さんのケース

第 **3** 章 子ども編

知的障害をともなう自閉スペクトラム症の中学生・佐藤さんの今までと今後

第 **4** 章 子ども編

父親からのDV、両親の離婚、不登校から非行に至った田中さんのケース

● 巻末のチャートのダウンロードについて
巻末のチャートは、下記の URL（二次元コードは右）
よりダウンロードいただけます。

https://www.socym.co.jp/book/1457

● 主な関連本の省略表記について
『サービス本』
▶『発達障害に関わる人が知っておきたいサービスの基本と利用のしかた』
　浜内彩乃著、ソシム、2021 年
『メンタル不調本』
▶『発達障害・メンタル不調などに気づいたときに読む本』
　浜内彩乃著、ソシム、2022 年
『相談援助本』
▶『発達障害に関わる人が知っておきたい「相談援助」のコツがわかる本』
　浜内彩乃著、ソシム、2022 年

本書の特徴と使い方について

事例に沿って使える制度は一目でわかる

　社会保障制度（福祉制度）は生活を送るうえで非常に重要なものですが、時代に合わせて制度が増設されたり改正されたりするため、数が多くて入り組んでおり、全容を把握することは至難の業です。

　そこで本書では、巻末にチャートをつけ、視覚的に全容がわかるようにしました。しかし、実際にはもっと入れ子構造になっていたり、四方八方・双方に矢印が伸びていたりします。本書のチャートは、実際の事例に沿って使いやすいようにしていることをご了承ください。制度の運用の実際については、本文にできる限り記載しています。また、制度名は法律に沿ったものを用いています。各自治体によって、名称を変更しているところもありますので、各自治体の名称に書き換えることで、より使いやすくなるでしょう。本書では、章ごとに事例を登場させ、事例に沿って制度の解説を行っていきます。

　1つひとつの制度の名前を聞いたことがあったり、利用したことがあったりしても、全容や関連がわからず、使えたはずの制度を見落としていることもあるでしょう。そうならないために、事例の経過をもとに、どのようなときに制度が使えるのかをわかりやすく説明します。

　本書は辞書のように活用していただきたいため、各項目の冒頭には、その項目で扱う制度が一目でわかるようにしています。また、事例と異なる場合にどうしたらいいのかは　次のステップ　で提示しており、必要なページを見つけられるようにしています。実際の事例に活用しようとした場合、参照ページを行き来して、現実の臨床場面に近い感覚で読んでいただけます。

本書の冒頭に付録されているチャートで全体像を把握しながら、各事例で必要なところを読んでください。

　日本の社会保障制度は「申請主義」です。「申請主義」とは、社会保障を受けたい人が自分で申請をしなければいけないという仕組みです。そのため、必要な制度を本人が申し込まなければ使うことができません。自身が直接関与しない領域についても、どのような制度やサービスがあるかを知っておくことで、広い視野で支援を行うことができるでしょう。障害者（児）に関わる多くの専門職が社会保障制度について学び、必要な方にその知識を届ける役割を担ってほしいと願っています。

各章で扱っている事例の特徴

　第1章の事例では、メンタル不調から仕事を続けることが難しくなり、発達障害と診断された方、第2章の事例では、ひきこもり生活のなかで症状が悪化し、成人後に統合失調症と診断された方、第3章の事例では、幼児期から発達の遅れがあった知的障害をともなう発達障害の子ども、第4章の事例では、DVから避難し、発達障害の診断を受け、不登校となった子どもを扱っています。いずれも架空事例ですが、医療や教育、福祉業界の現場でよく出会う事例でしょう。

　1つ目の事例は、障害者でなくても、仕事や経済的に困った場合に活用できる制度について説明しています。そのため、多くの人に知っておいてもらいたい内容となっています。2つ目の事例の後半では、結婚や出産について扱っています。そのため、親に障害があったり子育てが困難な場合のサポート資源について記しています。そして、3つ目の事例では、子どもに障害があった場合について解説しています。そのため、親子ともに障害がある場合には、2と3の事例を併せて読むとよいでしょう。3つ目の事例は、幼児期から福祉サービスが必要な子どもを扱っているため、その子の将来について考えたいときには、1と2の事例も併せて読んでいただきたいです。

　4つ目の事例では、ひとり親家庭や生活困窮家庭についても扱ってい

ます。1と2の事例のような方が離婚したり、生活困窮になったりした場合には、4つ目の事例も読んでください。さらに、4つ目の事例では不登校や非行についても扱っており、ここで登場する制度の多くが障害の有無は関係ありません。不登校や非行などがあり、大人になってから障害が発見されたり、不調が生じたりした場合には1つ目の事例を参照いただきたいです。

それぞれの事例は異なる登場人物ですが、ライフサイクルでつながっています。各ライフステージのなかで困難が生じたとき、どのような制度が使えるかを把握しておくことで、先を見通した支援を考えることができるでしょう。また、社会保障制度は障害者や高齢者、児童などが使う制度だと誤解している人もいるかもしれませんが、これらの事例を通して妊娠や出産、育児、失業、再就職など、多くの人が関与するライフイベントにも使えるということを知ってほしいです。

本書では、できる限り多くの方に関係する社会保障制度を網羅するように記しました。しかし、すべてを詳細に書くと、とてつもない量になってしまうため、概要をわかりやすく説明することに注力しました。そのため、より詳細を知りたい方に向けて参考図書を挙げています。

また、重度障害者や身体障害者、医療的ケア児などは、巻末資料で簡単に触れている程度となります。しかし、土台となる制度やサービス、その申請方法などの仕組みは本書に書いてあることと変わりません。仕事の選択をするときや介護が必要なときなど、共通するところを読んでいただきたいです。

社会保障制度の大枠について

第1章以降の事例と制度について理解するために、ここでは社会保障制度の大枠をお伝えします。「社会保険」や「社会福祉」などの詳細については、巻末資料を参照してください。全体像を把握したほうが理解しやすい方は、巻末資料を先に読んでから第1章以降を読むことをおススメします。社会保障制度は、日本国憲法第25条の「生存権」に基づい

て整備されています。

日本国憲法（昭和21年憲法）第25条
第1項 すべて国民は、健康で文化的な最低限度の生活を営む権利を有する。
第2項 国は、すべての生活部面について、社会福祉、社会保障及び公衆衛生の向上及び増進に努めなければならない。

　憲法に記載されている「社会保険」「社会福祉」「公衆衛生」に最低限度の生活を保障するための経済的援助としての「公的扶助」が加わった4つを社会保障制度といいます。「公衆衛生」は保健所（82頁）や市町村保健センター（150頁）等が担っており、本書では福祉制度に関わる一部のみの紹介となります。

社会保障

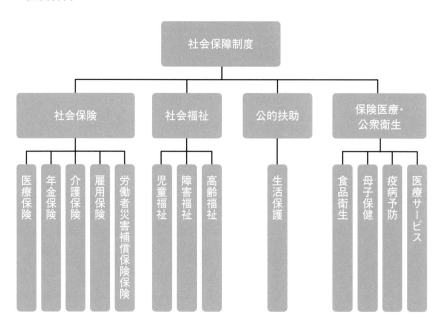

大人編

メンタル不調で休職し、
体調の回復から
再就職に至った
山田さんのケース

▼ 項目で扱っている範囲のチャート

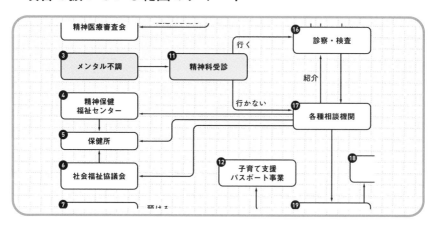

事例

　山田太郎さんは35歳の男性です。大学卒業後に企業へ就職しましたが、人間関係や業務内容が合わずに転職し、今の会社で3社目です。月給は額面で30万円。勤務を始めて3年目になりますが、XXXX 年4月から異動になり、新しい上司のもとで、新しい業務を行うことになりました。山田さんはなかなか業務内容を覚えることができず、残業をすることも多くなりました。

　6月頃から徐々に気持ちが落ち込む日が増え、朝、会社に行きたくないと思うようになりました。それでも、疲れが溜まっているだけだろうと無理やり体を動かして出勤していましたが、8月には夜眠りにくくなり、仕事中も頭がぼーっとして何からどう手をつけていいかわからなくなることも生じました。今年のストレスチェックでは、「高ストレス」であると評価され、医師

による面接指導の案内もきました。そのことを同僚に相談したところ、「病院で診てもらったほうがいいのでは」と提案されました。

山田さんが近隣の精神科医療機関を調べたところ、家の最寄り駅の近くに精神科クリニックがありました。電話をして、3週間後の火曜日の10時からの予約となりました。

▶ メンタル不調の定義とは？

厚生労働省の指針では、メンタル不調を「精神および行動の障害に分類される精神障害や自殺のみならず、ストレスや強い悩み、不安など、労働者の心身の健康、社会生活および生活の質に影響を与える可能性のある精神的および行動上の問題を幅広く含むもの」と定義しています。

山田さんのように「気分が落ち込む日が多い」「夜眠りにくい」「頭がぼーっとする」「優先順位がわからなくなる」といった症状は、メンタル不調といってよいでしょう。このようにメンタル不調を感じた際には、精神科医療機関の受診を勧めます。

ただし、メンタル不調は「身体疾患」が影響することもあります。そのため、頭痛や腹痛などの身体不調が大きいときには内科を、耳鳴りやめまいがある場合には耳鼻科に行くなど、身体科（精神科以外の診療科）を先に受診しても構いません。精神科を受診しても、身体疾患が疑われる場合には、身体科を紹介されます。また、精神科で血液検査や尿検査を行うこともあります。

▶ ストレスチェックについて

ストレスチェック制度は、2015年から実施されている労働者のストレス状況に関する検査です。年に1回実施され、自らのストレスの状況について気づきを促し、個人のメンタルヘルス不調のリスクを低減させることや、職場環境の改善につなげることを目的としています。

山田さんのように「高ストレス」という結果になると、医師による面

接指導の案内が提示され、労働者の希望によって実施されます。

　この面接指導を行う医師は、医師免許をもっていれば誰でも行うことができます。多くは産業医が担当していますが、産業医も精神科医であることは少なく、必要に応じて就労上の措置に係る意見書を提出したり、医療機関を紹介したりすることが役割となります。

　処方箋が出されるわけではなく、メンタル不調に対する専門的な治療もできないため、山田さんのように面談指導を受けずに精神科を受診しても問題ありません。そのほうがメンタル不調に対する治療が早く開始される可能性が高いでしょう。反対に、精神科受診に抵抗がある場合には、面接指導を希望し、今後の働き方や治療の必要性などについて産業医の意見を求めるのもよいでしょう。

　ストレスについての詳細は、『はじめてのストレス心理学』（永岑光恵著、岩崎学術出版社）を読んでほしいですが、「外からの刺激に対して身体が適応しようとするシステム」だととらえるとよいでしょう。

　刺激が強すぎたり、長期的に続いたりするとシステムが破綻してしまい、メンタル不調をきたします。そのためストレスチェックでは、ストレスの要因となり得る仕事量や仕事内容、労働環境についての項目や、周囲のサポートの有無、現在の心身の状態を確認するための項目が含まれています。ストレスチェックの項目にはありませんが、環境の変化（異動、昇進、転居、結婚、出産など）も、新しい環境に適応しようとするシステムが作動するため、変化が大きければ大きいほど、メンタル不調の要因となります。山田さんのように、部署異動にともない、上司や業務内容が変わるなど変化が大きいときには注意が必要です。

メンタル不調で押さえておきたいこと

・ストレスに対処するシステムが破綻した状態
・身体疾患が影響することもある
・環境の変化も要因となる

▶ 精神科の初診について

精神科の初診では時間をかけて問診を行うため、予約制にしているところが多く、初診だけ予約枠を限定している医療機関も珍しくありません。そのため、すぐに受診したいと思っても、予約が1か月〜数か月先になってしまうこともあります。

メンタル不調を感じた際には、本人が受診を迷っている場合にもひとまず予約を取り、予約日までに再度受診について検討をしたり、精神科の予約日までに身体科を先に受診したりしておくことも1つの方法です。

精神科を受診する際に押さえておきたいこと

- ・精神科の初診は予約制のところが多い
- ・身体不調がある場合には、身体科を先に受診しておく

精神科と心療内科の違いや、クリニックと病院の違いについては、拙著『発達障害・メンタル不調などに気づいたときに読む本』（ソシム。以下、「メンタル不調本」）を参照してください。

次のステップ

- ・受診につながった場合⇒1-2
- ・受診にかからず退職してお金が必要な場合⇒1-5
- ・受診を拒否した場合⇒2-1

▼ **項目で扱っている範囲のチャート**

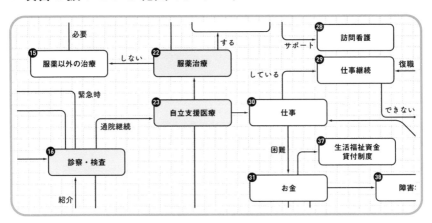

事例

　予約日までの間、山田さんは仕事を継続していましたが、気分の落ち込みは改善せず、睡眠時間は3時間程度となりました。

　ようやく精神科クリニックの予約日になり、受診をしたところ、待合室で質問紙に回答するように言われました。その後、個室に通され、30分ほどこれまでの経緯を精神保健福祉士に話しました。その後、診察室で医師から「うつ病」と診断され、抗うつ薬と睡眠薬が処方されました。

　主治医からは「仕事は休んだほうがいいと思う」と助言されましたが、山田さんは「薬が効いたらがんばれるかもしれない」と答えたため、2週間後に再受診予約を取り、様子を見ることになりました。また、しばらく通院してもらうことになるからと、「自立支援医療」の説明を受けました。

▶ 精神科での診断について

　精神科をはじめて受診した場合、他科と同じように保険証を提示し、「問診票」を記入します。ここで、簡単な心理検査を実施することもあります。

　精神科では症状の原因がわからないことが多いため、原因を突き止めようとするのではなく、症状の種類や症状の経過を参考にどの精神疾患かを仮定し、診断がなされます。そのため、初診では30分から1時間程度話を聞くことが一般的ですが、この問診を医師が行うこともあれば、精神保健福祉士や心理職などのコメディカルが担当することもあります。

　症状だけでなく、家族背景や職場の状況、生活状況なども診断や治療方針に役立てるために聞かれます。症状が典型的な精神疾患の様相を呈していれば、初診日に診断名がつくこともありますが、経過をみないとわからない場合には、受診を複数回したり、心理検査の実施を提案されたりしてからの診断になります。

▶ 薬の処方について

　診断が確定しなくても、症状に対して薬が処方されることがあります。精神科の薬は同じような効果がある薬でも、人によって効き方や効果の出方が異なります。そのため、どの種類の薬が有効かを確認したり、副作用と主作用のバランスがよい量を調整したりする必要があります。抗うつ薬など、薬によっては効果が表われるまでに2週間ほどかかるものもあるため、処方や症状が安定するまでは、1 〜 2週間に1回の受診を勧められます。

▶ 自立支援医療（精神通院医療）とは？

　このように定期的な受診となると、受診料や薬代、心理検査費用など、

多くのお金が必要となります。お金のことが心配で、受診をためらってしまう人もいるでしょう。そうならないために、障害者総合支援法に定められている「自立支援医療（精神通院医療）」制度を活用します。精神通院医療は、医療機関を長期的かつ継続的に利用する必要がある方の医療費負担を軽減させるための制度で、申請すると、医療費が1割負担になります。

　日本では生まれたときから医療保険制度に全員強制加入となり、保険証が医療保険に加入している証拠となります。医療保険に加入していると、医療機関を受診した際の医療費の補助を受けることができ、自分で支払わなければいけない金額（自己負担金）が少額になります。自己負担額は年齢によって異なりますが、6〜70歳までは3割負担となりますので、ここでは3割負担を基本として説明を行います。

　精神通院医療は、精神疾患で通院する精神医療を続ける必要があると医師が診断した場合に申請できるものですので、精神科と同時に他科を受診した場合、他科での料金は3割負担のままです。精神科デイケア（100頁）利用などのリハビリ費用、訪問看護（97頁）の利用料にも適応されますが、自由診療の治療や入院治療（86頁）には適応されません。また、所得に応じて1か月あたりの負担上限額が設定されています。継続通院が必要と医師が判断した場合に、山田さんの主治医のように医師から自立支援医療について助言される場合もありますが、そうではない場合には、自ら主治医に自立支援医療を使いたいと申し出る必要があります。

　市町村役場の福祉課窓口でもらえる申請用紙と、様式が決められた診断書を医師に書いてもらい、提出する必要があります。申請が通ると、受給者証を市町村役場で受け取り、医療機関に提示すると、あとは受付の方が1割負担になるよう処理してくれます。

　申請から受給者証を受け取るまでの間に医療機関を受診すると3割負担ですが、受給者証を提出後に多く支払った分は返金されます。受給者証の有効期間は1年以内で、継続したい場合には更新が必要です。

・精神科の医療費が1割負担になる

・継続通院が必要と医師が判断した場合に使える

・有効期限は1年で、更新可能

　自立支援医療には、精神通院医療だけでなく、更生医療と育成医療もあります。更生医療は、身体障害者で、その障害を除去・軽減する手術等の治療によって確実に効果が期待できるものに対して提供される、更生のために必要な自立支援医療費の支給を行うものです。

　育成医療は、障害児で、その身体障害を除去・軽減する手術等の治療によって確実に効果が期待できる者に対して提供される、生活の能力を得るために必要な自立支援医療費の支給を行うものです。いずれも、所得によって1か月あたりの自己負担額の上限が定められています。

▶ 仕事の継続について

　仕事を継続することについては、まず医師と患者（クライエント）が話し合って決めます。もちろん、状態がかなりわるい場合には、医師が「休んだほうがいい」と強く伝えることもありますが、助言を実行するかどうかは患者（クライエント）が決めることです。休職の判断についての詳細は26頁を読んでください。

　コメディカルの専門性の違いや精神科で扱われる薬の種類、副作用についての考え方などは、拙著『メンタル不調本』を参照してください。

▶ 無料低額診療事業の特徴とは？

　生計困難者な方（低所得者、要保護者、ホームレス、DV被害者など）で、経済的な理由により医療機関を受診した際の医療費の支払いが困難な場合に活用できるのが、社会福祉法に定められている「無料低額診療

事業」です。世帯の収入等に応じて、診療費の10％以上または全額が減免されます。

　無料低額診療事業を実施している医療機関は、各都道府県の HP などに掲載されています。社会福祉協議会（83頁）や市町村役場、実施医療機関に問い合わせ、申請書や所得状況の証明できるものを実施医療機関に提出することで申請できます。

　自立支援医療（精神通院医療）は、精神科での治療のみが対象ですが、無料低額診療事業は診療科を限定していません。

次のステップ

・休職することになった場合⇒1-3
・退職してお金が必要な場合⇒1-5
・服薬以外での治療を希望する場合⇒1-7
・入院治療が必要な場合⇒2-2

1-3 休職の診断と 金銭的サポート

▼ 項目で扱っている範囲のチャート

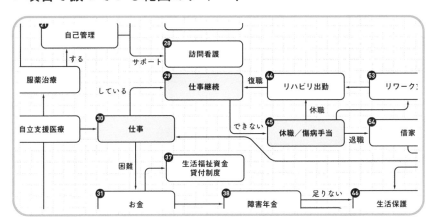

事例

　2週間後、山田さんは精神科を再受診しました。診察では、睡眠時間は6時間程度取れるようになったものの、疲れが取れない感覚があり、業務でのミスが続いて、朝の気分は最悪であると報告しました。医師が再度、休職して治療を優先したほうがいいと伝え、山田さんが同意したことから、医師は1か月休職が必要と診断しました。

　診察後、受付で「休職診断書」を受け取った際に、「傷病手当金を申請されるようでしたら、支給申請書を持ってきてくださいね」と伝えられました。

　翌日の水曜日、山田さんは会社に出勤し、休職診断書を上司に見せたところ、上司はすぐに人事課と相談し、翌日からの休職を認めました。木曜日と金曜日は有給休暇を使えること、労災認定にはあたらないこと、傷病手当金の申請ができることについて説明を受け

ました。また、休職2週間後には復職についての相談をするために連絡をすると言われ、その日は上司に業務状況を説明して帰宅しました。

▶ 休職の判断について

メンタル不調を改善するために重要なのは休むことです。そのため、症状が重い場合や働きながら休むことが難しい場合には、「休職するかどうか」の判断が必要となります。精神科医は、仕事を継続することが症状悪化につながると判断した場合に、休職することを強く勧めますが、強制することはできません。

また、仕事を生きがいにしている方の場合、休職することで気力が落ち、症状悪化につながる場合もあります。そのため主治医は、医師としての意見を伝えつつも、本人の希望に沿う判断を行います。

山田さんの場合、1回目に休職を提案された際には休職に前向きではなかったため、主治医も2週間様子をみるという判断をしました。反対に、それほど症状が悪化していなくても、本人の働く意欲が非常に低下している場合には、そのまま仕事を継続しても周囲や本人にとってよい結果にならないと判断して休職が提案されることもあります。

主治医と休職についての話がまとまった場合、主治医が「休職診断書」を書き、本人が会社に提出します。休職の規定は会社によって異なりますので、人事部に確認したり、雇用契約書を確認するようにします。

仕事を長期に休まなければいけなくなった場合、有給消化をしてから休職に入るか、有給消化せずに休職するかを相談することになります。有給を使った場合のメリットは、給料が100％補償されることや復職せずに退職した場合に有給をすべて消化できていることです。デメリットは、有給休暇をすべて消化した状態で復職した際に休みづらくなることです。

▶ 傷病手当金の受給要件と申請について

22頁で医療保険は全国民が加入していると書きましたが、医療保険は、会社員など雇用されている方が入る「職域保険（被用者保険）」、自営業など雇用されていない方が入る「国民健康保険」、75歳上の方が入る「後期高齢者医療制度」の3つに分かれます。

このうち「傷病手当金」は、職域保険に加入している人が働けない状態になった場合に申請できるものです。3日間連続で仕事を休んで、4日目から申請が可能です。しかし、会社からの給与がないことが支給要件となりますので、有給休暇を使う場合には、それを終えてからの申請となります。

山田さんの場合、水曜日に出勤して休職診断書を提出していますので、木曜日と金曜日が有給休暇、土曜日と日曜日が公休となります。有給休暇は木曜日と金曜日のみであり、月曜日から給与が支給されなくなるため、傷病手当金を申請することになります。会社によっては、休職者に対して独自の規定で報酬を支給する場合があります。その場合には、支給期間が終わってから傷病手当金を申請することになります。

申請の際には、会社で「健康保険傷病手当金支給申請書」をもらい、1～2枚目は本人が記入、3枚目は企業が記入、4枚目は医師に記入してもらいます。すべて記入されたものは、規定の場所に郵送にて提出します。

また、傷病手当金は支給開始以前の給与の3分の2が支払われますので、山田さんの場合、月々約18万円が支給されることになります。ただし、1か月以内に復職が見込める場合には復職後に申請をします。1か月以上休職になる場合には、2～3か月分をまとめて申請し、支給決定までには約1～2か月かかります。傷病手当金の支給までお金が足りなくなる場合には、「生活福祉資金貸付制度（69頁）」を使うこともできます。

ちなみに公務員は職域保険のなかでも共済保険になるため、病気休暇（90日間）や休職制度（最大3年）を使うことができ、その間に支給され

る給与も規定されています。それらの制度と併せて傷病手当金を申請する場合には、「傷病手当金・傷病手当金附加金請求書」を提出することになります。

さらに、傷病手当金は同じ原因の傷病について支給開始から通算1年6か月間受給することができます。傷病手当金についての詳細は、拙著『発達障害に関わる人が知っておきたいサービスの基本と利用のしかた』（ソシム。以下、「サービス本」）を参照してください。

傷病手当金で押さえておきたいこと

・職域保険に加入している人が働けなくなったら申請できる
・連続して3日間以上仕事を休んだ場合に申請できる
・支給金額は給与の3分の2

▶ 労災（労働者災害補償保険）の認定について

傷病手当金では、仕事を休むことになった理由は問われません。しかし、仕事を休むことになった原因が「業務」の場合には、労災の申請を行うことができます。たとえば、山田さんが営業で外回りをしているときに事故に巻き込まれてケガをしたとしたら、業務中の事故になりますので労災になります。労災には「通勤災害」と「業務災害」があり、通勤中に事故に巻き込まれるなどした場合にも申請ができます。労災保険は雇用されているすべての人が加入しています。

労災認定されるかは、ケガや病気が「業務上」によるものかが重要なポイントになります。労災認定を受けることができれば、診察や薬剤など治療にかかる費用への給付があったり、休業補償給付が給与の80%となったりするため、傷病手当金よりも手厚い給付を受けられます。また、労災の場合はちょっとしたケガの治療でも申請できます。

業務によって精神疾患になった場合にも、労災が認められますが、発病した精神疾患が、仕事による強いストレスが原因だと判断できる場合

に限られてしまいます。精神疾患の場合、その発病要因として、仕事によるストレスだけでなく、私生活でのストレスがあったり、その人の既往歴が関連している場合がありますので、すぐさま労災認定されません。

　月100時間以上の時間外労働があり、業務以外の心理的負荷が見当たらない場合には、労災認定される可能性が高くなります。精神障害の労災認定の基準の詳細は、厚生労働省が出している「精神障害の労災認定平成23年12月に認定基準を新たに定めました」を参照してください。

　労災認定にあたっては、会社からの証明書を労働基準監督署に提出しなければならないため、会社が証明を拒むことがあり、申請のために労を要することがあります。その場合には、申請に必要な労働保険番号をハローワークに調べてもらったり、医師に会社の協力が得られなかった旨の診断書を書いてもらったりする必要があります。不幸にもご本人が死亡した場合には、ご遺族が代わりに労災を申請することになります。

労災の認定で押さえておきたいこと

- ・業務上の理由によってケガをしたり、仕事を休むことになった場合に申請できる
- ・傷病手当金よりも手厚い給付を受けることができる

次のステップ

- ・復職支援をする場合⇒1-4
- ・退職してお金が必要な場合⇒1-5
- ・障害者として就職することを考えたい場合⇒18、19
- ・就職相談をしたい場合⇒1-13
- ・家事支援を受けたい場合⇒2-11

1-4 休職から復職へのサポート

▼ 項目で扱っている範囲のチャート

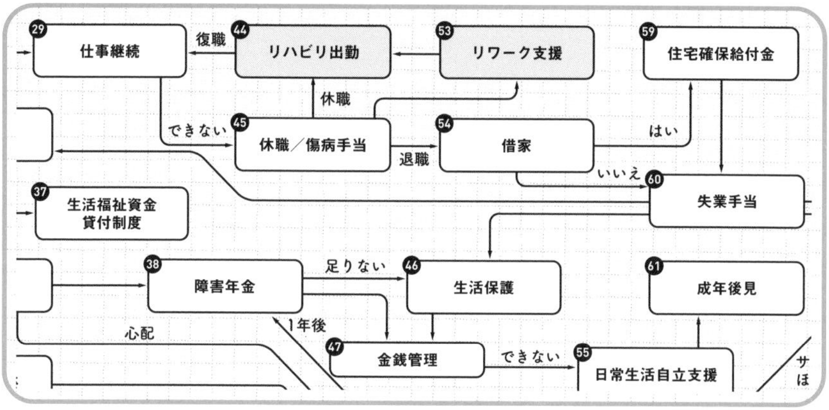

29 仕事継続
復職
44 リハビリ出勤
53 リワーク支援
59 住宅確保給付金
休職
できない
45 休職／傷病手当
退職
54 借家
はい
いいえ
60 失業手当
37 生活福祉資金貸付制度
38 障害年金
足りない
46 生活保護
61 成年後見
1年後
心配
47 金銭管理
できない
55 日常生活自立支援

事例

　山田さんは1か月休職をしても復職できるほど回復せず、休職が延期されました。3か月休職したころより、心身の回復が見られ、主治医は同院で行っているリワーク支援への参加を勧めました。

　山田さんはリワーク支援への参加日数を少しずつ増やし、休職して6か月目には復職の目途が立ちました。そして会社の人事課と上司と相談のうえ、リハビリ出勤を経て復職となりました。

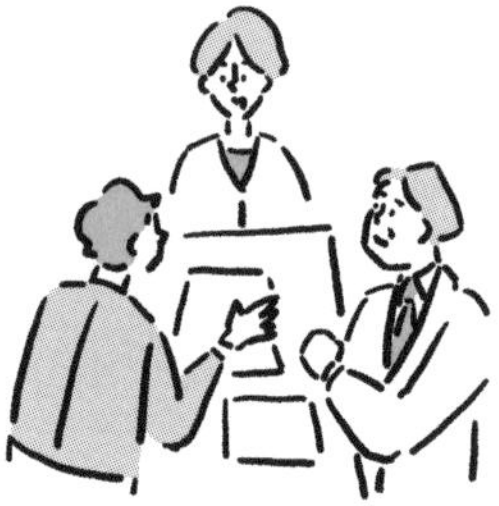

▶ リワーク支援の役割と参加期間について

　精神科医療機関のなかには、リハビリの一貫として、デイケアやショートケアといったものを実施しているところがあります。

デイケアやショートケアには、利用者に合わせたプログラムが組まれており、近年、休職者向けに「リワークプログラム」を実施している精神科医療機関が増えてきています。リワークプログラムでは、通所日数を増やしていくことで、生活リズムを整えたり体力を回復したりする役割を担っています。

また、メンタル不調のメカニズムやストレスに関する心理教育が行われたり、リラクゼーション技法や認知行動療法を用いてセルフケアができるようにしたりします。さらに、同じ休職者同士がグループワークを通して交流し、お互いを励まし合ったり、体験を共有したり、視野を広げたりすることもできます。

リワーク支援は、各都道府県の地域障害者職業センター（61頁）や就労移行支援事業所（63頁）、企業が職場内で行っているものもあり、それぞれ期間やプログラム内容が異なります。参加期間は3〜7か月が平均ですが、各機関によって期限設定を行っていたり、利用者の状態によって選択できるなど様々です。

また、休職者だけでなく、退職者が再就職に向けて行うリスタート支援も行っているところがあるなど、各機関によって特色があるため、まずは見学に行きましょう。何よりリワーク支援は休職してすぐに実施するのではなく、心身ともに休養し、症状が安定してから主治医と相談して参加することが基本となります。

リワーク支援で押さえておきたいこと

・休職者が参加するプログラム
・生活習慣を整えたり、セルフケアができるようになったりする
・症状が安定してから主治医と相談して参加することが基本

▶ リハビリ出勤の判断基準や内容について

リハビリ出勤（試し出勤）制度は、法律に規定されているものではあ

りません。そのため、会社によっては制度が設けられていないところも
あるでしょう。復職者が過去にほとんどいなかった会社の場合、人事課
などに「リハビリ出勤を設けてほしい」と提案してみるのも1つの方法
です。リハビリ出勤制度を設けることで、本人の負担を軽くすることが
でき、職場復帰を早めたり、復職後の再発を防げたりするため、会社に
とってもメリットが大きいはずです。

　そもそも、リハビリ出勤制度は、職場復帰が可能だと判断された場合
に提案されます。その際、主治医と産業医の判断は必須となりますが、
判断基準の例としては、本人が労働に意欲を示していたり、決まった勤
務日・時間に就労が継続して可能であったり、作業による疲労が翌日ま
でに十分回復できたりするなどが挙げられます。

　リハビリ出勤制度が設けられていたとしても、会社によって内容は
様々で、下記などが考えられます。

・模擬出勤：勤務時間と同様の時間帯にデイケアなどで模擬的な軽
　作業を行ったり、図書館などで時間を過ごす
・通勤訓練：自宅から勤務職場の近くまで通勤経路で移動し、職場
　付近で一定時間過ごしたあとに帰宅する
・試し出勤：職場復帰の判断等を目的として、本来の職場などに試
　験的に一定期間継続して出勤する

　この期間は、復職したとみなさず、休職として扱います。模擬出勤や
通勤訓練は、リワーク支援の一環として医療機関が主導で指示すること
も多いでしょう。

　復職後も、すぐにフルタイムでの就業を行わず、短時間勤務を認めた
り、出張や交代勤務、残業を制限したり、業務内容を配慮したりするな
ど、復職する前にどのような配慮がどれくらいの期間必要かを会社と本
人とで話し合います。山田さんの場合、異動してからメンタル不調が出

現していますので、元の部署に配置転換をするかどうかといった話し合いも必要でしょう。

　一方で、メンタル不調者の場合、環境の変化を大きくすることで、症状が再燃することもありますので、会社と本人とが医師や専門職の意見を聞きながら、十分に話し合うことが大切です。

リハビリ出勤で押さえておきたいこと

・法律に規定されておらず、会社規定による
・復職前には、模擬出勤・通勤訓練・試し出勤を行う
・復職後には、業務内容の制限や配慮を行う

　精神科デイケアについては、拙著『メンタル不調本』を、職場復帰支援については厚生労働省「改訂版　心の健康問題により休業した労働者の職場復帰支援の手引き〜メンタルヘルス対策における職場復帰支援〜」を参照してください。

次のステップ

・退職してお金が必要な場合⇒1-5
・スキルアップしたい場合⇒1-6
・障害者として就職することを考えたい場合⇒1-8、1-9
・就職相談をしたい場合⇒1-13
・社会保険料が支払えない場合⇒2-8

1-5 退職したあとの金銭的サポート

▼ 項目で扱っている範囲のチャート

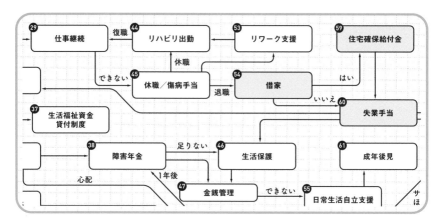

事例

　復職から3か月後、通院や服薬を継続していたにもかかわらず、再び朝の気分の落ち込みがひどくなり、業務でのミスも続いたため、主治医と相談し、休職しました。2か月休職を続けたものの回復せず、休職が長引きそうだと思った山田さんは、会社に対して申し訳なく思い、退職を決意しました。2回の休職期間の合計は8か月でした。

　山田さんは退職してからも、傷病手当金と貯金で生活をしていていましたが、退職して9か月後には病状が回復し、主治医からも働ける状態であると判断されたため、傷病手当金の受給を終了しました。しかし、すぐに新しい仕事が見つかりそうになかったため、一人暮らしをしていた山田さんは「住宅確保給付金」と「失業手当」の申請を同時に行い、求職活動を続けました。

34

▶ 住宅確保給付金の特徴とは？

傷病手当金（27頁）で説明したように、一度復職したあとで、再度同じ疾患で休職した場合、傷病手当金を再受給することができます。また、退職後も「働ける状態にない」と医師が判断した場合には、受給を継続できます。山田さんは離職までの間、8か月間受給していたため、残り最大10か月継続支給を受けることができます。

また、山田さんのように借家で生活しており、かつ、主たる生計維持者であった者が、離職や廃業した場合、生活困窮者自立支援制度（103頁）のなかの「住宅確保給付金」を申請でき、求職活動を行っていることを要件に家賃（上限有）の3か月分を受給できます。申請先は全国に1,381か所（令和5年4月時点）ある「生活困窮者自立相談支援機関」となっているため、居住地域で検索してください。

ただし、貯金が100万円以上ある場合や、求職活動を行えない場合には支給を受けることができません。傷病手当金を受給している間は、「仕事ができない状況」となりますので、申請ができず、離職後病状が回復し、傷病手当金の支給を終え、求職活動を行うと同時に申請することが可能です。

申請の際には、本人確認書類、収入が確認できる書類、預貯金が確認できる書類、離職票などが必要です。どういった書類がそれに該当するか確認のうえ、支援機関に相談に行くとよいでしょう。住宅確保給付金の細かな受給要件など更なる詳細については、拙著『メンタル不調本』を参照してください。

住宅確保給付金で押さえておきたいこと

- ・借家で生活をしており、離職した場合に支給される
- ・家賃の3か月分が支給される
- ・申請では、本人確認書類、収入が確認できる書類、預貯金が確認できる書類、離職票などが必要

また、会社勤めをしていた方が退職した場合、医療保険（27頁）が健康保険から国民健康保険へ、年金保険（67頁）が厚生年金から国民年金へと変わります。すぐに新しい仕事に就くことができず、国民健康保険料や年金保険料を支払うことが困難だと感じた場合には、必ず市町村役場や年金事務所に相談に行ってください（118頁）。所得に応じて減免措置がなされます。そうした手続きを行わずに未払いにしてしまうと、医療保険が使えなくなったり、年金をもらえなくなったりする可能性があります。

▶ 失業手当の金額と要件について

　会社員の場合、雇用保険に加入していることがほとんどです。1年以上雇用されたあとに離職した場合、雇用保険の失業等給付のなかの「基本手当」を支給することができます。これを通称「失業手当」といいます。

　山田さんのように勤務歴が1年以上10年未満の場合には、離職後「7日＋2か月」経ってから、離職前6か月の賃金の50～80％が90日分支給されます。支給金額は、離職時の年齢と離職前の賃金によって異なります。計算式は省きますが、山田さんの場合、年齢や給与を考慮すると、約18万円が3か月間支給されます。

　また、今回、山田さんの離職理由は「うつ病」になるため、「就業困難者」となります。そのため、離職後7日間経ってから300日分支給されます。さらに、山田さんのように離職時に傷病手当金を受給している場合、傷病手当金の支給が終わるまで、失業手当の延長を申請することができます。就業困難者となる要件や、一般離職者との違いについてなど失業手当の詳細については、拙著『サービス本』を参照してください。

　山田さんは離職の時点で障害者手帳（50頁）を取得していなかったため、就業困難者と認められるためにうつ病の診断が必要でしたが、離職時に障害者手帳を取得していれば、退職理由を問わず、就職困難者となります。

　失業手当と住居確保給付金は、どちらもハローワークへの求職申し込みと就職活動の継続（毎月ハローワークに行く）が要件になります。また、公務員の方は失業のリスクが少ないとされていることから、雇用保険に加入できません。そのため失業手当は受給対象外となり、以後に出てくる雇用保険による制度は使うことができないことを覚えておきましょう。

　ちなみに、①雇用契約が31日以上、②所定労働時間が週20時間以上、③学生ではない、の3つの条件を満たす方を雇用した場合には、会社が必ず雇用保険に加入させなければいけません。労働者自身が加入する・しないを決めることはできませんので、労働条件を確認することが重要です。

　また、失業手当は、受給資格が決定した日から8日以後は、「1日4時間以上、週20時間未満までのアルバイト」であれば就職とみなされず、失業手当の金額も減りません。1日4時間未満の場合には、減額される可能性があるため注意が必要です。

　雇用保険の全容は、『メンタル不調本』を参照してください。

次のステップ

・スキルアップしたい場合⇒1-6

・障害者として転職することを考えたい場合⇒1-8

・就職相談をしたい場合⇒1-13

・失業手当を受けられず、金銭的に不安がある場合⇒1-11、2-5、2-8

・時間をかけて就職を考えたい場合⇒1-10、2-5

▼ 項目で扱っている範囲のチャート

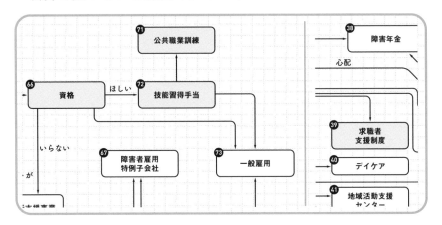

事例

　求職活動を行うにあたり、山田さんは何か手に職をつけたほうがいいと考えました。そこで「技能習得手当」をもらい、住宅確保給付金がもらえる期間の3か月で受講ができるプログラミング講座を受講することにしました。

　XXXX年＋2年7月に講座を終えると、すぐに再就職先が見つかりました。そこで、失業手当の受給を終え、「再就職手当金」をもらうことにしました。新しい会社は月給25万円と、前職よりも給料が下がったため、再就職して6か月後、山田さんは「就業促進定着手当」を申請しました。

▶ 技能習得手当の受給要件について

本項目で解説する制度は、すべて障害の有無に関係なく要件に当てはまれば利用することができます。

雇用保険に加入していた方が、離職したときに対象となるのが「技能習得手当」です。この手当は、公共職業訓練などを受講すると給付されます。公共職業訓練は、情報・医療・福祉・事務など幅広い領域から関心のあるものを選択して受講できます。受講料は原則無料ですが、テキスト代などで別途費用がかかる場合があります。

訓練を受講することで、専門的な資格を取得することもでき、さらに技能習得手当として日額500円、最大40日分（2万円）を受け取ることができ、交通費も支給されます（上限有）。

受講したい訓練によって受講期間は異なりますが、2か月〜6か月のものが多く、条件を満たせば失業手当（36頁）の受給期間が訓練終了まで延長されます。技能習得手当は、失業手当（基本手当）をもらうための手続きを完了させてから受講することができます。失業手当をもらうために必ず参加しなければならない雇用保険受給者初回説明会で、「雇用保険受給資格者証」を渡されます。職業訓練がスタートしたら、「雇用保険受給資格者証」をハローワークに提出しなければならないため、大切に保管しておいてください。

技能習得手当で押さえておきたいこと

・公共職業訓練を無料で受講できる

・日額500円、最大40日分（2万円）支給される

・受講にかかる交通費も支給される

▶ 教育訓練給付金の受給要件について

山田さんは退職してしまったため対象外となりますが、在職中に資格

を取得したいと考えた場合には、「教育訓練給付金」を申請することができます。

　大まかに説明すると、離職中に技能習得手当をもらいながら受講できるのが「職業訓練」で、在職中に教育訓練給付金をもらって受講できるのが「教育訓練」となります。職業訓練と教育訓練では、同じ資格を取得できるものもありますが、教育訓練のほうがより幅広い資格を取得することができます。

　教育訓練給付金は、取得技能のレベルに応じて「専門実践教育訓練」「特定一般教育訓練」「一般教育訓練」の3種類があり、特定一般教育訓練と一般教育訓練は、受講費用の20％・40％（上限10万円・20万円）が受講後に支給されます。受講の際には、受講料全額を支払わなければならず、受講修了1か月以内にハローワークで申請します。

　離職中に教育訓練を受けたい場合には「短期訓練受講費」を申請できますが、その場合の給付は受講費用の20％（上限10万円）となります。専門実践教育訓練は、受講費用の50％（年間上限40万円）が訓練受講中6か月ごとに支給されます。また、資格取得等をし、かつ訓練修了後1年以内に雇用保険の被保険者として雇用された場合には、受講費用の20％（年間上限16万円）が追加で支給されます。

　さらに、失業状態にある方がはじめて専門実践教育訓練（通信制・夜間制を除く）を受講する場合、受講開始時に45歳未満であるなど一定の要件を満たせば、別途、教育訓練支援給付金が支給されます。どのような講座があるのかは、「教育訓練給付制度　検索システム」で検索できます。

　教育訓練給付金の受給を希望される方は、原則として訓練開始日の1か月前までに訓練前キャリアコンサルティング（77頁）を受ける必要があります。この際に、ジョブ・カードを活用したキャリアコンサルティングを行います。

- 在職中に資格を取得したい場合に申請できる
- 取得技能のレベルに応じて、「専門実践教育訓練」「特定一般教育訓練」「一般教育訓練」の3種類があり、受講費用が支給される
- 在職中に教育訓練を受ける場合は「短期訓練受講費」を申請できる

▶ 求職者支援制度の受給要件について

雇用保険の適応がなかった離職者の方や、フリーランスや自営業などで廃業した方、雇用保険の受給が終了した方のために、「職業訓練受給給付金」があります。一定額以下の収入（本人収入が月8万円以下、世帯収入が月30万以下）でのパートタイムであれば、働いていても受給することができます。

「求職者支援制度」は、月10万円の生活支援の職業訓練受講給付金を受給しながら、無料の職業訓練を受けることができ、ハローワークが求職活動をサポートしてくれるという制度です。一定以上の収入があるパートタイムで働いている方の場合は、月10万円の生活支援給付金を受給することはできませんが、無料の職業訓練を受講することはできます。

また、職業訓練受講給付金を受け取っている方が、公的職業訓練を受ける場所まで往復4時間以上かかるなどの条件にあてはまり、扶養家族と別居して借家で生活しなければならない場合には、寄宿手当を月額10,700円受給することができます。

求職者支援制度で押さえておきたいこと

- 月10万円の給付金を受給できる
- 無料の職業訓練を受講できる
- ハローワークが求職活動をサポートしてくれる

▶ 再就職手当金の受給要件について

　失業手当の給付日数の3分の2以上を残して早期に再就職した場合には基本手当の支給残日数の60％の額が、3分の1以上を残して早期に再就職した場合には基本手当の支給残日数の50％の額が支給されます。

　山田さんの場合、XXXX＋2年4月から失業手当を受給しており、300日の支給が決定していたため、XXXX＋3年2月まで失業手当を受給できる予定でした。しかし、XXXX＋2年7月に再就職が決定したため、支給残日数は210日となり、3分の2（200日）以上、給付日数が残っていることになります。そのため、6,290円（上限額）×210日×60％の79万2,540円を受け取ることができます（上限額は年によって異なります）。

　再就職手当の支給対象にならないアルバイトやパートとして再就職した場合には、就業手当（基本手当日額の30％）が支給されます。さらに、山田さんのように就業困難者（36頁）となった方が支給日数を残して再就職した場合には、「常用就職支度金」が支給されます。

　この場合には、残り日数がわずかであっても支給されるため、山田さんが再就職に時間がかかった場合には、こちらを申請することになります。再就職手当の支給要件を満たす場合は、再就職手当が支給され、常用就職支度手当は支給されません。

　いずれも申請書類の提出期限は原則再就職した日の翌日から1か月までで、ハローワークにて手続きを行います。申請書類は、ハローワークのインターネットサービスからダウンロードすることができます。

再就職手当金で押さえておきたいこと

・失業手当の給付日数を残して再就職した場合に支給される
・再就職手当金の対象にならない就職先の場合には就業手当が支給される

教育訓練・職業訓練の給付金制度　対象者

雇用保険		離職中	在職中
	加入している	技能習得手当 短期訓練受講費	教育訓練給付金
	加入していない	職業訓練受講給付金	—

※引用：「介護求人ナビ」HP より作成
https://www.kaigo-kyuujin.com/oyakudachi/oubo/66686

▶ 就業促進定着手当の受給要件について

　再就職手当の支給を受けた人が、同じ再就職先に6か月以上雇用され続けた場合、かつ、前職よりも再就職先の賃金のほうが低かった場合、低下した分の賃金を受給することができます。これを「就業促進定着手当」といいます。支給額の計算式は、「（離職前の賃金日額－再就職後6か月間の賃金の1日分の額）×再就職後6か月間の賃金の支払基礎となった日数」となります。

　山田さんは前職では月給30万円だったため、1日あたりの報酬が15,000円でしたが、再就職先では月給25万円のため、1日あたりの報酬が12,500円となり、差額が1日あたり2,500円となります。再就職先で20日×6か月働いたとすると、120日働いたことになるため、2,500円×120日となり、30万円受け取ることができます（精密な計算ではないため、誤差が生じることがあります）。

　再就職した日から6か月が経過した日の翌日より2か月間申請することができます。再就職の際に前職の給与と比べて下がっている場合には、再就職から6か月目をカレンダーに記しておくなどするとよいでしょう。

就職促進定着手当で押さえておきたいこと

- ・再就職手当の支給を受けた人が対象
- ・前職より給与が下がっている場合に差額を支給される
- ・再就職先に6か月以上雇用されると申請できる

次のステップ

- ・障害者として就職することを考えたい場合⇒1-8
- ・金銭的なサポートが必要な場合⇒1-11
- ・就職相談をしたい場合⇒1-13

1-7 服薬以外の治療法

▼ 項目で扱っている範囲のチャート

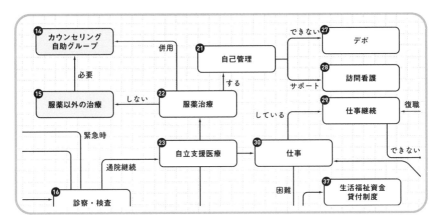

事例

　山田さんはプログラミングの仕事を続けていましたが、期限を守れない、新しい技術の習得が遅いといったことから、上司との折り合いがわるくなり始めました。山田さんはこれまでも、周りと同じように仕事を習得したり、人間関係をうまく築くことができないと感じていたことから、主治医に相談したところ、改めて詳細な成育歴の聞き取りと心理検査を実施することになりました。その結果、「自閉スペクトラム症（ASD）」の診断がつきました。

　主治医から、仕事での困り感の解消をするためにカウンセリングを受けてみてはどうかと勧められ、山田さんはクリニックの隣に併設されているカウンセリングルームの予約をしました。

▶ カウンセリングを受けられる場所や心理職について

　大人がカウンセリングを受けたいと思った場合には、医療機関か、民間のカウンセリングルームで受けることができます。
「カウンセラー」は誰でも名乗ることができ、また「○○カウンセラー」といった民間資格は山のようにあります。そのため、指定大学院修了が受験資格取得条件となっている「臨床心理士」が、現時点で最もカウンセラーとして信頼ができる資格といわれています。

　また、2019年に日本ではじめて心理職の国家資格となる「公認心理師」が誕生しました。しかし、5年間は経過措置となるため、本来取得に必要な養成課程をすべて修了した有資格者は2024年にはじめて誕生することになります（2018年4月大学入学者）。今後、養成課程を修了した公認心理師有資格者が増えれば、信頼できるカウンセラーの資格は公認心理師となっていくでしょう。

　心理職の行うカウンセリングは「心理療法」とも呼ばれ、クライエント（患者）の認知・行動・感情・身体感覚などに変容を起こすものを指します。薬物療法だけでは治療が難しい場合や、薬物療法に抵抗が強い方に有効です。また、人間関係での悩みなど、薬物療法が適応ではないときにも役に立ちます。

　精神科医療機関のなかにカウンセラーがいる場合、予約料といった形で料金が発生し、1回25〜40分程度と短い時間で行われることが多いです。この場合には、主治医がカウンセリングのオーダーを出すことで始まります。

　医療機関の隣に併設されているカウンセリングルームや、カウンセラーが独自で開業しているカウンセリングルームの場合には、クライエントが自ら申し込みをすることで始まります。その場合にも、精神科に主治医がいればカウンセリングの許可を取っておくことが望ましいでしょう。医療機関以外でも、クライエントに精神科の主治医がいれば、公認心理師は、医師の指示を受けなければならないためです。カウンセ

リングを受けられる場所の詳細などについては、拙著『メンタル不調本』を参照してください。

カウンセリングで押さえておきたいこと

> ・臨床心理士資格をもったカウンセラーが信頼できる
> ・今後は公認心理師資格をもったカウンセラーが信頼できる
> ・薬物療法が適応ではなかったり、薬物療法だけでは治療が困難な場合に有効

精神科医療機関の場合、「精神保健福祉士」という福祉の専門職が在籍していることがあり、精神保健福祉士がカウンセリングを行うこともあります。その場合には、本書に出てくるような制度についての相談や、家族や職場など環境へのアプローチを中心とした相談が主となります。

精神保健福祉士と心理職が両方在籍している医療機関の場合には、相談内容によって両職種がそれぞれ対応することもありますが、片方の職種しかいない場合には、すべての相談に在籍している職種が対応することになります。精神保健福祉士は福祉の専門職、臨床心理士や公認心理師は心理の専門職と覚えておくことで、どのような相談を得意としているのかがわかりやすくなります。

▶ 自助グループの特徴は？

自助グループはセルフヘルプグループとも呼ばれ、同じ問題や悩みを抱えた人たちが集まり、体験を共有したり、分かち合ったりすることを目的としています。依存症の場合には、特に自助グループが治療に有効とされています。グループによっては匿名での参加が認められています。

自助グループでは、集まったメンバー1人ひとりが順番に自分の過去や現在の思いについて率直に話をします。聞いているメンバーは、「言いっぱなし、聞きっぱなし」が原則で、話された内容に助言や感想を

言ったりすることなく、自分の順番が回ってきたときに、自分のことについて話します。

　自分と同じ問題や悩みを抱えた人の話を聞くことで、知識や想い、情報を共有することができ、気づきを得たり、癒されたり、支え合ったりすることができます。アルコール依存症の自助グループは「AA」、薬物依存症の自助グループは「NA」、ギャンブル依存症の自助グループは「GA」が有名ですが、その他にもアダルトチルドレンの自助グループや発達障害の自助グループなど様々なものがあり、小規模なものから大規模なものまであります。

　当事者だけでなく、家族の自助グループもあります。精神保健福祉センター（81頁）や保健所（82頁）が自助グループの情報をもっていることが多いため、問い合わせてみるとよいでしょう。最近では、オンラインで行われているものも増えているようです。

自助グループで押さえておきたいこと

- 同じ問題や悩みを抱えた人の集まりで、人の話を聞くことで、知識や想いなどを共有し、気づきを得たり、癒されたり、支え合ったりすることができる
- メンバーは、「言いっぱなし、聞きっぱなし」が原則

　自閉スペクトラム症の特徴や心理検査については、拙著『メンタル不調本』を参照してください。

次のステップ

- 障害者として就職することを考えたい場合⇒1-8、1-9
- 就職相談をしたい場合⇒1-13
- 時間をかけて就職を考えたい場合⇒1-10、2-5

1-8 障害者としてのサポートを受け、就労する

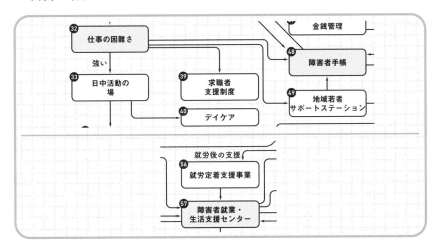

▼ 項目で扱っている範囲のチャート

事例

　山田さんは、カウンセリングで今の仕事での困り事を相談しつつ、主治医から「障害者手帳の申請ができる」と言われたことについても相談をしました。カウンセラーは、これまで山田さんが仕事をするうえで抱えてきた困り感について具体化し、できそうな対策を一緒に検討しました。そのうえで障害者手帳を取得するメリット・デメリットについて説明し、山田さんの将来に対する考えや仕事に対する思いを整理しました。

　山田さんは悩みつつも、障害者手帳を申請することにしました。また、プログラミングの仕事も1年で辞め、再び住宅確保給付金と失業手当を申請しつつ、「障害者就業・生活支援センター」に相談に行くことにしました。

▶ 障害者手帳の特徴と申請について

　障害者手帳とは、障害のある人が年齢にかかわらず取得することができる手帳の総称で、全部で3種類あります。身体に障害がある場合に取得する「身体障害者手帳」、精神疾患に罹患し、日常生活に支障がある場合に取得する「精神障害者保健福祉手帳」、知的障害と認定された場合に取得する「療育手帳」です。

　山田さんは受診当初は「うつ病」の診断だったため、現在もその診断が継続していれば、精神障害者保健福祉手帳を申請することができます。今回は、「自閉スペクトラム症」の診断が新たにつきました。発達障害者が障害者手帳を取得する場合にも精神障害者保健福祉手帳を申請することになりますが、都道府県によっては、知能指数（IQ）に関係なく療育手帳を取得することができます。各手帳の取得方法や違いについては、拙著『サービス本』を参照してください。

　精神障害者保健福祉手帳の場合、精神科をはじめて受診してから半年が経過したら、申請することができます。山田さんは XXXX 年8月にはじめて精神科を受診しているため、XXXX ＋1年3月まで受診を継続していれば、申請することができます。それ以後も、長く受診期間が空いていなければ申請可能です。

　大人の場合、障害者手帳を取得するメリットは、「身分証明になる」「支援を受けながら働くことができる」「金銭的な負担軽減になる」ことです。子どもの場合は、184頁を参照してください。大人も子どもも等級に応じて、所得税・住民税・相続税・贈与税・自動車税などの控除、公共交通機関の割引・減免、携帯電話基本料金の割引、レジャー・スポーツ施設で無料または割引などが適用されます。また、生活保護受給者は、障害者手帳を持っていることで障害者加算がつきます。

　所得税・住民税の控除については、会社員の場合、年末調整の際に扶養控除等申告書の障害者控除の欄に必要な情報を記載して会社に提出します。会社に障害者手帳を持っていることをバレたくない場合や、自営業など会社勤め以外の人の場合には、確定申告を行うことで控除を受け

ることができます。

デメリットは、「障害者の証明を所持する」ということに抵抗がなければ特にありません。民間保険（250頁）への加入やローンが組みにくいといったことはありますが、民間保険に加入していなくても社会保険でほとんど対応できますし、どうしてもローンを組む必要があるときには障害者の方もローンが組めるところがあります。また、最近は精神障害者も民間保険にも加入しやすい傾向にあります。

障害者手帳の取得で押さえておきたいこと

- ・身体障害者手帳、精神障害者保健福祉手帳、療育手帳の3種類がある
- ・発達障害は、精神障害者保健福祉手帳の取得が原則
- ・精神障害者保健福祉手帳は、精神科初診から半年後に申請できる

各障害者手帳の申請方法や特徴の詳細については、拙著『サービス本』を参照してください。

▶ 障害者就業・生活支援センターの特徴は？

障害者就業・生活支援センター（通称：就ポツ、なかポツ）は、障害者雇用促進法に規定されており、就業や就業に伴う日常生活上の支援を必要とする18歳以上の障害者に対して無料で相談支援を行う機関です。主に「就業支援」を担当する相談員と、主に「生活支援」を担当する相談員が配置されており、就業面と生活面を一体的にサポートします。

山田さんのように就労意欲はあるものの、なかなか仕事を継続できないことに悩んでいる方や、支援を受けながら就職したいと考えている方、就職するためにまず何をしたらいいかわからない方など、様々な相談にのってくれます。

求職時には、ハローワークに一緒に出向いて求人を探したり、履歴書

を添削したり、会社にお願いしたい配慮事項を整理したり、面接練習をしたりします。必要に応じて、採用面接の場に同行することもあります。

　就職してからも、職場訪問をしたり、本人と面談を行い、困っていることや不具合が生じていないかを確認し、会社との調整をしたりします。障害者手帳は必須ではなく、就労の相談をしながら、障害者手帳を取得するかどうかを一緒に検討することもできます。

　また、本人へのサポートだけでなく、障害者を雇用している会社のサポートを行ったり、障害者雇用をしたことがない会社に対して雇用の枠を広げてもらえるよう交渉したりもします。

　障害者の就労相談に関しては、障害者定着支援事業（72頁）や地域障害者職業センター（61頁）などもありますが、障害者就業・生活支援センターは、無期限で利用できる身近な相談先として押さえておくことをお勧めします。全国に335か所（2020年4月現在）あるため、住んでいる地域または職場のある地域を管轄しているセンターを探しましょう。電話で問い合わせて面談日程を決め、センターへの登録を行うことでその後も必要なときに相談することができます。

障害者就業・生活支援センターで押さえておきたいこと

・就業面と生活面を一体的にサポートする機関
・障害者手帳の有無を問わず、無期限で無料で利用できる
・当事者と会社の両方のサポートを行う

次のステップ

・働くうえでのサポートについて知りたい場合⇒1-9
・金銭的に厳しい場合⇒1-11、2-8
・就職相談をしたい場合⇒1-13
・時間をかけて就職を考えたい場合⇒1-10、2-5

1-9 障害者雇用を目指すときの選択肢

▼ 項目で扱っている範囲のチャート

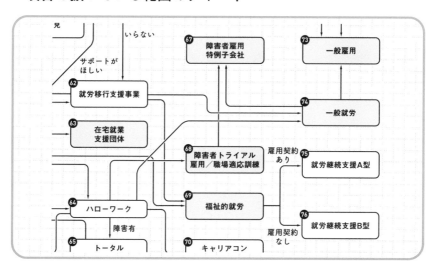

（事例）

障害者就業・生活支援センターでこれまでの職歴や通院歴などについて相談したところ、一般就労と福祉的就労の違いや、一般雇用や障害者雇用の違いについて説明を受けました。

山田さんは、障害者雇用も含めた一般就労を希望しつつも、これまで仕事が長続きしなかったことから、すぐに再就職を目指すことについての不安を語りました。そのため、障害者就業・生活支援センターの相談員は、障害者トライアル雇用や職場適応訓練、在宅就業支援団体など、山田さんが安心して再就職できる方法について様々説明をしました。

▶ 一般就労と福祉的就労の特徴は？

　会社に勤務したり、国家公務員として働いたりすることを「一般就労」といいます。一方で、障害者総合支援法で規定されている福祉サービスを受けながら働くことを「福祉的就労」といいます。

　一般就労の場合には、雇用主や一緒に働く人は健常者であることが多くなります。しかし、福祉的就労の場合には、「生活支援員・職業指導員」と呼ばれる職員からのサポートを受けながら業務を行うことができます。福祉的就労についての詳細は107頁で紹介します。

▶ 一般就労における2つの働き方

　一般就労の場合にも、働き方が大きく2つに分かれます。1つは健常者と同じように働く「一般雇用」で、もう1つは業務内容等に配慮を受けながら働く「障害者雇用」です。障害者雇用に応募するためには障害者手帳（50頁）が必須となります。

　一般雇用には、障害であることを周囲に明らかにする「オープン就労」と、周囲に知らせない「クローズ就労」とがあります。一般雇用のオープン就労で働くか、障害者雇用で働くかについては、業務内容についての配慮がどの程度必要かを基準にするとよいでしょう。

　トラック運転手の仕事を例に挙げて考えてみます。トラック運転手の業務として、荷物をトラックに積み、配送先までトラックを運転し、配送先で荷物を下ろす作業があったとします。この業務に従事する際に、障害によって荷物の積み下ろしを1人で行うことができず、トラックの運転は問題なく行える方がいたとします。その場合、荷物の積み下ろし時に別の方がサポートに入ることになり、他のトラック運転手よりも業務内容に配慮が必要になります。

　一般雇用であれば、「荷物の積み下ろしとトラックの運転ができる人を採用」となりますので、積み下ろしができない方は不採用となります。しかし障害者雇用の場合には、会社側が障害者を雇用した場合に助成金

を国から受けることができるため、荷物の積み下ろしに人員を割くという判断もできます。そのため「トラックの運転だけできる」という障害者を雇用するという選択肢ができます。

　今度は、トラックの運転も荷物の積み下ろしも1人で行えるけど、配送先の指示は文章で行わなければ間違える可能性が高いという方がいたとします。この方の場合、トラック運転手の業務として大きな割合を占めるトラックの運転と荷物の積み下ろしはできるわけですから、業務内容への配慮はそれほど必要ありません。しかし、その業務を遂行するための指示方法への配慮が必要となります。この場合には、一般雇用のオープンでも認められる可能性が高くなります。

　求められる業務や配慮可能なことは会社によって様々です。たとえば、データ解析などの難しい専門的知識が必要な業務が主である仕事の場合、片足に不自由があって移動に少し時間がかかっても大きな配慮が必要とはいえませんが、専門的知識の理解が難しい方には大きな配慮が必要となります。そのため、この業務は障害者雇用、この業務は一般雇用と分けることはできません。本人が希望する仕事と、本人が有する障害特性、会社側が求める人材とが合うところを探していくなかで働き方が決まる場合が多いでしょう。

一般就労で押さえておきたいこと

- ・一般雇用と障害者雇用がある
- ・会社勤めや国家公務員として働く方法がある
- ・一般雇用には「オープン就労」と「クローズ就労」がある

▶ 特例子会社の特徴とは？

　障害者雇用促進法には、従業員が43.5人以上の規模の事業主は、従業員に占める身体障害者・知的障害者・精神障害者の割合を「法定雇用率」以上にする義務について記載があります。2024年3月までの民間企業の

法定雇用率は2.3％ですが、2024年度からは2.5％、2026年度からは2.7％と段階的に引き上げられていきます。

　特例子会社とは、一定の要件を満たしたうえで厚生労働大臣の認可を受けて、障害者雇用率の算定において親会社の一事業所と見なされる子会社です。

　たとえば従業員が1万人いる会社の場合、算定雇用率2.5％を達成しようと思うと、250人（障害者雇用率を算出する際のカウントのルールを考慮せずに単純計算した場合）の障害者を雇用することになります。

　このように障害者雇用の従業員だけでも大人数になる会社の場合、障害者雇用の方を集めた子会社を作ることができ、それが特例子会社です。つまり、障害者を雇うために特例で設立された子会社となります。

特例子会社で押さえておきたいこと

・障害者を雇用するための子会社
・障害者雇用として採用される

　一般雇用と障害者雇用のメリット・デメリットや特例子会社の特徴などについてさらに知りたい方は、拙著『サービス本』をご参照ください。

　一般雇用の場合、障害者雇用であっても週20時間以上勤務することが求められます。しかし、2024年4月1日以降、週10時間以上20時間未満勤務の障害者（知的・身体障害者の重度もしくは精神障害者）についても、法定雇用率に算定できる改正法が施行されます。

　さらに近年、東京大学先端科学技術研究センター人間支援工学分野が、週に1時間からでも通常の職場で役割をもつ働き方として「超短時間雇用」を提唱しました。そうした働き方を実現する地域社会の支援システムや超短時間での業務・雇用環境を職場内に作るための技術を総称して「超短時間雇用モデル」と呼んでおり、精神障害者の方を中心に雇用を始めている企業や地域が出てきています。

▶ 障害者トライアル雇用の特徴とは？

　障害者雇用を行う際には、先に書いたように、本人の希望や障害特性と会社側の希望とが合うかどうかが両者にとって重要です。しかし、実際に働いてみないと合うかはわからないことも多いでしょう。そこで作られたのが「障害者トライアル雇用」制度です。

　対象者は障害があり（障害者手帳を持っていなくても対象となる）、以下のいずれかにあたり、週20時間以上勤務できる方です。重度障害の場合には、下記の条件にあてはまらなくても対象となります。

・これまでに未経験の職業への就労を希望している方
・過去2年以内に2回以上離職や転職をくり返しており、長く働ける職場を探している方
・直近の6か月超の間働いていなかったが、また就職したい方

　会社が障害者を原則3か月間試行雇用することで、適性や能力を見極め、継続雇用のきっかけとすることを目的としており、3か月後、会社と本人との希望が合致すれば、継続雇用に移行します。トライアル雇用中も労働基準法が適応され、給与が支払われ、会社側にも助成金が支払われます。労働者の適性を確認したうえで継続雇用へ移行することができ、障害者雇用への不安を解消することができます。

　ハローワーク（75頁）で希望すると、どのような会社が募集しているのかなどを教えてもらうことができます。また、ハローワークだけでなく、「地域障害者職業センター（61頁）」や「就労移行支援事業所（63頁）」で紹介してもらうこともできます。

- 障害者で週20時間以上働ける人が対象
- 3か月の試行雇用
- 希望が合致すれば継続雇用への移行ができる

　週10 〜 20時間の短時間の試行雇用から開始したい場合には、「障害者短時間トライアル雇用」があります。この場合には、体調などに応じてトライアル雇用期間中に20時間以上の就労ができるようになることを目指します。また、障害がない方を対象とした「トライアル雇用」もあります。対象者は下記の通りです。

- 過去2年以内に、転職や離職を2回以上繰り返している方
- 仕事をしていない期間が1年を超えている障害をもっている方
- ニートやフリーター等で45歳未満の方
- 妊娠、出産・育児を理由に離職し、安定した職業についていない
　期間が1年を超えている人
- 生活保護受給者、ホームレス、母子家庭・父子家庭の父母など就
　職の援助を行うに当たって特別な配慮を要する人

　基本的な労働習慣が身についているにもかかわらず、自分に合った労働環境が見つからないために就労が困難となっている方にお勧めです。

▶ 職場適応訓練の特徴とは？

　障害をもつなど就職に困難な方を対象に、会社で実際の業務を行ってもらい、作業内容や職場環境に適応しやすくするために行われる「職場適応訓練」があります。「一般職場適応訓練」は6か月（重度の障害者等

は1年）以内、「短期職場適応訓練」は2週間（重度の障害者等は4週間）以内で、訓練期間中、事業所には訓練費が、訓練生には訓練手当が支給されるため、会社が訓練生に賃金を支給することはありません。失業手当を受給中の方は、継続受給できます。訓練期間後、会社と本人との希望が合致すれば、雇用契約を結ぶことができます。

ハローワークに希望し、希望に合うところを紹介してもらいます。

▶ 在宅就業支援団体の特徴とは？

障害者のなかには、通勤することに非常に労を要する方もいるでしょう。そうした方に向けて自宅等で仕事を行うことを支援する制度が「在宅就業障害者支援制度」です。そして、その仕組みを担っているのが、「在宅就業支援団体」です。

在宅就業支援団体は、厚生労働大臣による登録を受けます。そして、会社から発注された仕事を在宅就業障害者に提供すると同時に相談支援も行います。就労移行支援事業所（63頁）や就労継続支援Ｂ型事業所（107頁）などが、在宅就業支援団体として登録していることも多くあります。その場合、各事業所の利用規定に基づいて作業を行います。

在宅就業支援団体を通さずに、直接会社が在宅就業障害者を雇用して仕事を発注することもできます。この場合は、障害者雇用と同じ仕組みになります。令和5年6月時点で登録は23団体と少ないですが、会社に行くことは少ないため、遠方であっても業務内容が合うかなど確認してみるのもよいでしょう。

次のステップ

・自分に向いている働き方を知りたい場合⇒1-10
・金銭的に厳しい場合⇒1-11、2-8
・生活と仕事と両方の相談がしたい場合⇒1-8、1-11、2-5
・福祉的就労を検討したい場合⇒2-6

1-10 どのような仕事が向いているかを知りたい

▼ 項目で扱っている範囲のチャート

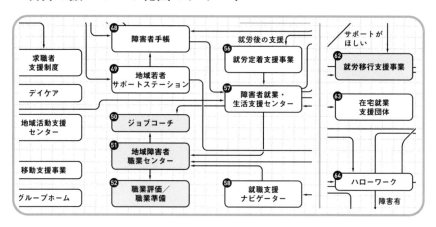

事例

　障害者就業・生活支援センターの相談員から、複数の選択肢について説明を受けた山田さんですが、自分にはどのような仕事が向いているのか、仕事をするうえでの準備がどの程度整っているかがわからず、どれを選択すればいいかわからなくなりました。

　そのため相談員は、障害者就業・生活支援センターでの相談を継続しつつ、地域障害者職業センターで職業評価を受けることを提案しました。山田さんはその提案を受け入れ、職業評価の予約をしてもらいました。

　職業評価の結果を受け、さらに相談を重ねたあと、山田さんは就労移行支援事業所の利用を希望し、障害者就業・生活支援センターの職員と相談しながら事業所を見学し、1つの就労移行支援事業所の利用を決めました。

▶ 職業評価の特徴とは？

　障害者1人ひとりのニーズに応じて様々な職業リハビリテーションを実施したり、障害者を雇用する会社に対しても雇用管理上の課題分析や専門的な助言支援を行ったりする施設として「地域障害者職業センター」があります。

　地域障害者職業センターが行う業務の１つが、「職業評価」です。職業評価は、自分の作業スキルのレベルを知りたい、どのような作業が向いているのか知りたいなど、就労移行支援事業（63頁）に行くにしても、どういった業務内容のところを選べばいいかわからないといった、まさに山田さんのような方が受けるものです。

　地域障害者職業センターは、障害者就業・生活支援センター（51頁）や市町村役場、ハローワーク（75頁）のような専門機関を通して申し込むことが一般的です。職業評価実施の際には、本人や家族、関係機関の方へのヒアリング（生活状況や職歴、今後の希望など）が行われ、職業適性検査をいくつか実施します。職業適性検査はその方の興味・関心を調べる質問紙や、部品の組み立て、書類の仕分け、電卓での計算など複数の作業を行う検査が組み合わさっています。

　後日、それらの結果を基に職業能力等を評価し、障害者就業・生活支援センターやハローワークなど必要な専門機関の職員が集まって、個人の状況に応じた職業リハビリテーション計画が策定されます。

職業評価で押さえておきたいこと

・専門機関を通して申し込む
・職業適性検査とヒアリングによって行われる
・職業評価結果を用いて職業リハビリテーション計画が策定される

▶ 職業準備支援の特徴とは？

　地域障害者職業センターのなかには、「障害者準備支援」も実施されています。これは、就労に向けたプログラムが設定されており、職業評価の結果に応じて必要なプログラムを選択し、カリキュラムを作ります。カリキュラムを通して労働習慣の体得、作業遂行力の向上、コミュニケーション能力・対人対応力の向上を目指します。通う期間も、1週間〜3か月と、人によって異なります。短期集中型の就労準備ができるところだと思っておくとよいでしょう。

　ただし、都道府県内に1か所のところが多いため、居住地によっては、職業準備支援に通うことが困難な方も多くいます。そうした場合には、就労移行支援事業などを優先することになります。

▶ ジョブコーチの特徴とは？

　地域障害者職業センターが行っている支援のなかにある「職場適応援助者（ジョブコーチ）支援事業」は、障害者雇用として採用されたあとに使う制度です。山田さんは、就労移行支援を使うことになりましたので、地域障害者職業センターのジョブコーチは活用しませんでしたが、職業評価から職業準備支援につながり、就職に至った場合には、活用することもあります。

　ジョブコーチは、障害者および事業主に対して、雇用の前後を通じて障害特性を踏まえた直接的・専門的な援助を実施します。ジョブコーチには、障害者職業センターに配置されている方（配置型）、就労定着支援事業などでジョブコーチの資格を取得されている方（訪問型）、障害者雇用を行っている企業内に配置されている方（企業在籍型）の3タイプがありますので、状況に応じて相談しやすいジョブコーチを活用しましょう。

▶ 就労移行支援事業所の特徴とは？

　一般雇用や障害者雇用を目指しているものの、働くためのスキルやマナーが十分に身についていない方が、「働くための練習がしたい」というときに使えるのが、障害者総合支援法の訓練給付に規定されている「就労移行支援事業」です。障害者手帳は不要ですが、診断は必要です。利用期限が2年間と限られているため、2年以内に就労できる状態の方が利用することが望ましいでしょう。

　また、訓練であるため報酬は発生しません。事業所によって特色が大きく異なりますが、対人コミュニケーションの練習を多く取り入れたり、特定の技能習得や資格取得を目指したりするところもあります。

　山田さんはこれまで一般雇用で勤務しており、基本的な労働習慣や社会生活能力は身についているといえます。しかし、長期的な継続勤務が難しく、向いている仕事がわからないため、就労移行支援事業所での作業や実践訓練のなかで、山田さんが仕事を続けるうえで困難となる点を明らかにし、具体的な対策を検討することが適しているといえます。アルバイトなど雇用されている方は、就労移行支援事業所を原則利用できず、トライアル雇用や職場適応訓練を活用することになります。

　就職活動の際には、履歴書作成やビジネスマナー、面接練習なども行ってくれます。また就職後半年間は、就労定着支援として会社訪問や面談を実施します。基本的には毎日事業所に通って訓練を行いますので、支援者との関係を築きやすく、就労に関する手厚い支援が受けられる場所といってよいでしょう。

就労移行支援事業所で押さえておきたいこと

・利用は2年間の有期限
・訓練であるため報酬は発生しない
・働くためのスキルやマナーを身につける場所

地域障害者職業センターや就労移行支援事業所についての詳しい機能や活用法については、拙著『サービス本』をご参照ください。

次のステップ

・福祉サービスの利用申請をしたい場合⇒1-11
・障害者として就職することを考えたい場合⇒1-8、2-6
・就職相談をしたい場合⇒1-13

1-11 福祉サービスの申請と金銭的サポート

▼ 項目で扱っている範囲のチャート

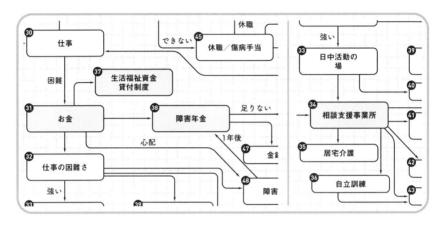

（事例）

　就労移行支援事業所に通うことを決めた山田さんは、市町村役場で受給者証の申請を行ったあと、相談支援事業所でサービス等利用計画書の作成をお願いしました。

　その後、無事に受給者証を受け取り、就労移行支援事業所に通い始めました。しかし、失業手当の受給期間中に再就職までたどりつける自信がなく、金銭的に厳しくなりそうだと相談支援事業所の相談支援専門員に伝えたところ、障害年金の申請を提案されました。山田さんは、障害者雇用での就職も視野に入れていたため、障害年金の申請を行うことにしました。また、障害年金だけでは生活が苦しい場合には、就職するまでの生活資金として生活福祉資金貸付制度の利用も可能であることを伝えられ、山田さんは安心することができました。

▶ 相談支援事業所の特徴と申請について

　障害者の日常の相談にのったり、制度や福祉サービスの利用について相談にのったりするところが「相談支援事業所」です。障害者総合支援法の「相談支援」に定められています。相談支援専門員が配置され、障害者本人だけでなくそのご家族や関係機関の相談も無料で行います。

　相談支援事業所は、市役所内に窓口を設置しているところや地域活動支援センターⅠ型（101頁）のなかに設置しているところなど様々です。相談支援事業所は、「特定相談支援事業所」と「一般相談支援事業所」の2つに分けられ、日常の相談はどちらでも大丈夫ですが、施設や病院で生活をしていた障害者の方が地域で生活する際に利用するのが一般相談支援事業所で、サービス等利用計画を立てる計画相談を行っているのが特定相談支援事業所となります。

　山田さんは、就労移行支援事業所（63頁）を使うことになりました。就労移行支援事業所などの福祉サービスを使う際には、市役所で受給者証の申請を行い、特定相談支援事業所でサービス等利用計画を立ててもらう必要があります。サービス等利用計画（107頁）は「セルフプラン」といって本人や家族が作成することもありますが、計画相談を通じて相談支援事業所とつながっておくと、いざというときに安心です。

　山田さんのように金銭面での相談がしたいとき、相談支援事業所が直接お金を貸したり、手当金を支給したりすることはできませんが、どのような制度が使えそうかを提案したり、申請を手伝ったり、家計の相談にのったりしてくれます。

相談支援事業所で押さえておきたいこと

- ・障害者の日常生活における相談にのってくれる
- ・特定相談支援事業所はサービス等利用計画を作成できる
- ・一般相談支援事業所は地域移行支援ができる

▶ 障害年金の特徴とは？

　障害者雇用では、最低賃金が保障されますが、昇給や昇進が難しかったり、残業や長時間労働が難しかったりすることから、給与だけでは生活が厳しいことがあります。山田さんのようにすぐに就職することが難しい場合や、障害によって転職を繰り返すために十分な収入を得られないこともあります。こうした障害による経済的な不平等を解消するために、医療機関の初診から1年半経っても支援が必要な状態が継続している場合には「障害年金」の申請を行います。

　年金は65歳以上の方が受給するものとイメージされることが多いと思いますが、年金には3種類あります。いずれも年金保険料を支払っていれば受給できるものです。

年金の種類

・老齢年金：65歳以上の人が受給
・障害年金：20歳から64歳の障害者が受給
・遺族年金：遺族が受給

　そもそも年金保険は、20歳になれば全国民が強制加入となります。そして、職業によって国民年金か厚生年金かのどちらかに決まります。

　厚生年金は主に会社勤めをしている方が加入することになり、保険料は給料から天引きされるため、未払いになることはないでしょう。一方、国民年金は、フリーランスや学生、自営業者などになり、送られてくる請求書を用いて自ら支払いに行かなければなりません。そのため、請求書を無視していたり見落としていたりすると未払いとなります。未払いがあると、年金が支給されないことがあります。

　山田さんは、大学を卒業してから現在まで会社で就労している期間が長いため、厚生年金に長く加入しており、未払いが多い可能性は低いでしょう。

▶ 基礎障害年金と厚生障害年金について

　障害年金には、「基礎障害年金」と「厚生障害年金」の2つがあります。基礎障害年金は、障害の程度が1級または2級に該当すると認定されれば全員に支給されます。一方、厚生障害年金は、初診日に厚生年金に加入していたかどうかが重要です。初診日に加入しており、かつ障害の程度が1～3級に該当する場合に支給されます。

　基礎障害年金と厚生障害年金の等級は同じなので、山田さんの場合、2級の認定がおりれば基礎障害年金2級（月66,250円）と厚生障害年金2級（働いていたときの月収から算出される）をもらうことができます。

　もし山田さんが3級の認定となった場合には、基礎障害年金3級は0円となり、厚生年金3級の支給金額のみ支給されることになります。山田さんが仕事を退職したあとに精神科を受診していた場合には、初診日に厚生年金に加入していなかったことになり、3級の認定となった場合、障害年金支給額は0円となっていました。

　知的障害など20歳未満で障害者となった方の場合には、20歳になるとすぐに障害年金を申請できますが、その場合は厚生年金に加入する前の申請となるため、厚生障害年金を受け取ることはできません。また、発達障害の診断の場合も、幼少のころから診断があり、困難があったとみなされた場合には同様です。

　ただし、山田さんのように、働いて厚生年金に加入したあとに困難さが明らかとなり、受診して診断を受けた場合には、厚生障害年金の受給対象となります。

　山田さんの場合、初診がXXXX年8月のためXXXX＋2年2月（傷病手当金で生活していたころ）に1年半が経過しています。この時点（障害認定日）で病状は回復していなかったため、障害年金の申請が可能です。

　しかし山田さんが障害年金の申請を決めたのは、XXXX＋3年7月以降となりますので、この時点で1年5か月分、本来支給されていたはずの

障害年金を受け取っていないことになります。障害年金は5年までさかのぼって請求が可能ですので、山田さんは XXXX ＋2年2月からの支給を請求することができます。

　山田さんのように障害厚生年金を受給している場合、将来結婚したときには、配偶者加算がつきます。また、障害基礎年金1 ～ 2級を受給している場合、子どもが生まれると子ども加算がつきます。障害年金は更新制で、更新期間は1 ～ 5年と人によって異なります。

障害年金で押さえておきたいこと

- ・年金保険は全国民強制加入
- ・初診から1年6か月経っても支援が必要な状態であれば障害年金を申請できる
- ・基礎障害年金と厚生障害年金がある

　障害年金の受給要件や制度の仕組み、申請方法など、さらに詳細を知りたい場合には、拙著『サービス本』をご参照ください。また、様々な理由により年金保険料を支払う余裕がない場合には、保険料の支払いが免除・猶予されることがあります。詳細は118頁を読んでください。

　また、障害者手帳（50頁）を取得することで税金等の支払いを安くすることができます。

▶ 生活福祉資金貸付制度の特徴とは？

　生活面で経済的に困窮している人を対象に、厚生労働省に代わって「都道府県社会福祉協議会（83頁）」が低い金利でお金を貸している制度のことを「生活福祉資金貸付制度」（次頁表を参照）といいます。

　都道府県社会福祉協議会が実施主体ですが、市町村社会福祉協議会が窓口となっており、低所得世帯・障害者世帯・高齢者世帯等に対し、世帯単位でそれぞれの世帯の状況と必要に合わせた資金、たとえば、就職

		資金の種類	貸付条件	
			貸付限度額	貸付利子
総合支援資金	生活支援費	生活再建までの間に必要な生活費用	（二人以上）月20万円以内 （単身）月15万円以内 貸付期間：原則3月（最長12月）	保証人あり：無利子　保証人なし：年1.5%
	住宅入居費	敷金、礼金等住宅の賃貸契約を結ぶために必要な費用	40万円以内	
	一時生活再建費	生活を再建するために一時的に必要かつ日常生活費でまかなうことが困難である費用	60万円以内	
		就職・転職を前提とした技能習得に要する経費		
		滞納している公共料金等の立て替え費用		
		債務整理をするために必要な経費　　等		
福祉資金	福祉費	生業を営むために必要な経費	580万円以内 ※資金の用途に応じて上限目安額を設定	保証人あり：無利子　保証人なし：年1.5%
		技能習得に必要な経費及びその期間中の生計を維持するために必要な経費		
		住宅の増改築、補修等及び公営住宅の譲り受けに必要な経費		
		福祉用具等の購入に必要な経費		
		障害者用の自動車の購入に必要な経費		
		中国残留邦人等に係る国民年金保険料の追納に必要な経費		
		負傷または疾病の療養に必要な経費及びその療養期間中の生計を維持するために必要な経費		
		介護サービス、障害者サービス等を受けるのに必要な経費及びその期間中の生計を維持するために必要な経費		
		災害を受けたことにより臨時に必要となる経費		
		冠婚葬祭に必要な経費		
		住居の移転等、給排水設備等の設置に必要な経費		
		就職、技能習得等の支度に必要な経費		
		その他日常生活上一時的に必要な経費		
	緊急小口資金	緊急かつ一時的に生計の維持が困難となった場合に貸し付ける少額の費用	10万円以内	無利子
教育支援資金	教育支援費	低所得世帯に属する者が高等学校、大学または高等専門学校に修学するために必要な経費	〈高校〉月3.5万円以内 〈高専〉月6万円以内 〈短大〉月6万円以内 〈大学〉月6.5万円以内 ※特に必要と認める場合は、上記各上限額の1.5倍まで貸付可能	無利子
	就学支度費	低所得世帯に属する者が高等学校、大学または高等専門学校への入学に際し必要な経費	50万円以内	
不動産担保型生活資金	不動産担保型生活資金	低所得の高齢者世帯に対し、一定の居住用不動産を担保として生活資金を貸し付ける資金	土地の評価額の70%程度 月30万円以内 貸付期間　借受人の死亡時までの期間または貸付元利金が貸付限度額に達するまでの期間。	年3%、または低い利率
	要保護世帯向け不動産担保型生活資金	要保護の高齢者世帯に対し、一定の居住用不動産を担保として生活資金を貸し付ける資金	土地及び建物の評価額の70%程度（集合住宅の場合は50%） 生活扶助額の1.5倍以内 貸付期間借受人の死亡時までの期間又は貸付元利金が貸付限度額に達するまでの期間	

※引用：厚生労働省「生活福祉資金貸付条件等一覧」をもとに作成
https://www.mhlw.go.jp./stf/seisakunitsuite/bunya/hukushi_kaigo/seikatsuhogo/seikatsu-fukushi-shikin1/
kashitsukejoken.html

に必要な知識・技術等の習得や高校・大学等への就学のための資金、介護サービス利用のための資金貸し付け等を行います。

　返金の目途が立たない方への貸し付けはできませんが、山田さんのように障害年金の受給決定がなされるまでの間や、就職が決まるまでの間など、一時的に生活困窮に陥っている場合や、入学金や住宅改修のような一時的に大金が必要となる場合に活用することができます。無利子や低金利で借りられるため、お金に困ったときには、消費者金融などでお金を借りる前に、まずは市町村社会福祉協議会に相談に行きましょう。

　ひとり親家庭の場合には、ひとり親家庭住宅支援資金貸付（216頁）もあります。

生活福祉資金貸付制度で押さえておきたいこと

- ・生活面で経済的に困窮している人が対象
- ・市町村社会福祉協議会が窓口
- ・必要に合わせた資金の貸し付けを無利子または低金利で行う

次のステップ

- ・就職後のサポートを受けたい場合⇒1-10、1-12
- ・障害年金だけではお金が足りない場合⇒2-9
- ・家事支援を受けたい場合⇒2-11

障害者雇用で就職したあとのサポート

▼ 項目で扱っている範囲のチャート

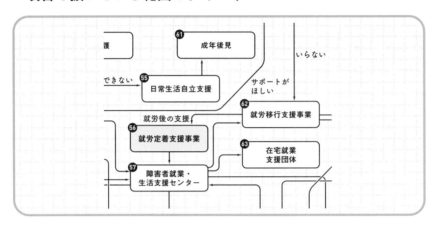

事例

　就労移行支援事業所に通い始めて1年半が経過し、山田さんは障害者雇用で就職することが決まりました。障害年金も2級を取得することができ、これまでの生活が維持できそうです。

　就職してから就労移行支援事業所の就労定着支援を受けていましたが、半年後、山田さんは就労定着支援事業の利用を希望し、支援員との面談を定期的に行いながら仕事を続けています。また、休日には障害者手帳を使って、映画を見に行くのが楽しみのようです。

▶ 就労定着支援事業の特徴と利用のしかた

　就労定着支援事業は、障害者総合支援法の訓練給付に定められており、就労移行支援事業所（63頁）や就労継続支援事業所（107頁）、自立

訓練（112頁）などを利用したあとに障害者雇用で就職した人が、就職して6か月経ってから利用することができます。就労移行支援事業所のところで解説したように、就職して6か月間は就労移行支援事業所などの就職前に関わってきた支援機関が就労定着支援を行います。月に1回以上、会社と本人との面談日や訪問日を設定し、困っていることや状況を確認したり、会社側の意見を聞き、必要な対策を講じます。

就労定着支援事業の利用は任意の申し込みです。また、1年ごとの更新が必要で、最長3年間利用できます。就労定着支援事業は、就労移行支援事業を行っている法人が実施していることが多いのですが、就労移行支援事業の職員と就労定着支援事業の職員は分かれているため、就労移行支援事業の定着支援から就労定着支援事業に移行した際には、担当スタッフが原則交代となります。

就労定着支援事業を行っていない就労移行支援事業所であった場合、他の就労定着支援事業所を探すこともできますが、多くは障害者就業・生活支援センター（51頁）の相談員に引き継ぐことになります。

また、就労定着支援事業は、1年目は無料で利用できる方が多いですが、2年目からは利用料が発生する方が多いです（前年度の所得によって利用料が変わるため）。障害者就業・生活支援センターは無料のため、利用料が発生する2年目以降や就労定着支援事業の利用を3年使いきった場合に、就労定着支援事業から障害者就業・生活支援センターに相談先を移すことが多いでしょう。

継続年数が長くなればなるほど、支援者のサポートは少しずつ減らしていき、会社と本人とで調整ができるようになることを目指します。

就労定着支援事業で押さえておきたいこと

・就職して6か月後から利用できる
・任意の申し込みで利用することができ、1年ごとの更新が必要
・最大利用期間は3年で、2年目から利用料が発生する方が多い

一般雇用で就職した場合も、就労定着支援事業や障害者・就業生活支援センターを活用できますが、会社側に訪問したりすることは難しくなります。そのため時間給を使ったり、仕事が休みの日にセンターに訪問して面談をすることが多くなります。

　就職後も就労定着支援事業やジョブコーチ（62頁）などを活用し、継続就労できるようにしていくことも大切です。しかし、一般就労の場合、最終的にはサポートをほとんど受けなくても就業し続けられることが目標となります。一方、福祉的就労の場合、常に支援者がいる場所で働き続けることになります。サポートをどの程度必要とするのかを見極め、選択していくことが重要です。

　発達障害がある方への就労に関する困り事への具体的な対処法については、拙著『発達障害に関わる人が知っておきたい「相談援助」のコツがわかる本』（ソシム。以下、「相談援助本」）を参照してください。

次のステップ

・余暇支援を受けたい場合⇒2-5
・家事支援を受けたい場合⇒2-11

1-13 福祉制度の活用を拒んだ場合

▼ 項目で扱っている範囲のチャート

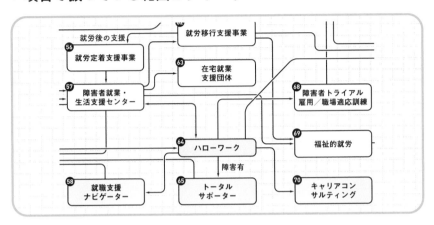

事例

　山田さんは、メンタル不調に陥った際、福祉制度を活用した支援に抵抗がなかったことから、様々な制度を活用して自身に合った仕事と生活を見つけていくことができました。しかし、もし、山田さんが就職活動や継続した就業に困難さを抱えていても、福祉制度の活用を拒んでいたり、就職活動のサポートだけを受けたいと考えていたとしたらどうでしょうか。ここでは、山田さんがより就職活動に特化した支援を望んでいた場合について説明します。

▶ ハローワーク（公共職業安定所）の特徴とは？

　ハローワーク（公共職業安定所）は、職業安定法に定められており、仕事を探している方や働く人を探している会社に対して様々なサービス

を無償で提供する総合的雇用サービスです。国（厚生労働省）が運営し、全国に500か所を超えるハローワークで多くの方が活用するのは「職業紹介」でしょう。ハローワークのサイトから求人を探すことができます。また、それ以外にも、雇用保険（37頁）や雇用政策などの国の制度を組み合わせた様々な雇用支援を行っています。

ハローワークの一般相談窓口では、「仕事探しの進め方を知りたい」「応募書類の書き方を知りたい」「紹介状を発行してほしい」「希望求人の状況を教えてほしい」などの職業紹介に関連した相談にのってくれ、これを「職業相談」といいます。相談窓口にはナビゲーターが配置され、1人ひとりに担当のナビゲーターがつきます。担当ナビゲーターが決まると、1回50分の予約相談ができるようになります。ナビゲーターは、応募書類作成支援や模擬面接練習なども行ってくれます。

また、障害をもっている方や、診断を受けている方を対象とした「専門援助部門（コーナー）」を設けており、障害者向けの求人紹介を行ったり、障害者就業・生活支援センター（51頁）や地域障害者職業センター（61頁）といった専門機関と連携を取って対応したりします。また、希望に応じて配慮事項を会社側に説明したり、職場見学や採用面接に同行したりすることもあります。

▶ わかものハローワークの特徴とは？

一般的なハローワークは年齢制限なく利用することができます。しかし、そのなかで若者を対象としたものが全国に28か所設置されました。概ね35歳未満の方が対象となりますが、自治体によっては就職氷河期世代である55歳未満も利用可能なところがあります。わかものハローワークがない地域でも、わかもの支援窓口などを設けているところがあります（全国に216か所）。

一般窓口にいる就職支援ナビゲーターは、通常のハローワークのナビゲーター同様に求職活動の個別相談にのってくれます。通常のハローワークよりも若者のキャリア形成に詳しい人材が配置されていたり、対

人関係やコミュニケーションに不安を感じている方の対人技能の練習を
サポートしたり、事業所見学に同行するなど手厚く関わってくれます。
本人が障害者向け専門支援を希望する場合には、専門援助部門や発達障
害者支援センター（169頁）、障害者就業・生活支援センターといった専
門支援機関などにつないでくれます。

　また、開催されているセミナーやグループワークにも若者が集まるた
め、同じような境遇の人との意見交換も可能です。さらに、適職診断や
心理カウンセリングも受けられます。心理カウンセリングは心理職が配
置されているため、就職活動で心が疲れたときには相談をしてみるのも
よいでしょう（回数制限有）。

▶ 雇用トータルサポーターの特徴とは？

　診断を受けており、就職が困難な方や転職を繰り返している方、専門
機関につながっていない方などを対象にサポートしてくれるのが、発達
障害者雇用トータルサポーター・精神障害者雇用トータルサポーターで
す。ハローワークの専門援助部門に配置されており、臨床心理士や精神
保健福祉士などの有資格者が採用されています。当事者に対して、どの
ようなことに困っているのかの相談や、就職に必要な準備がどういった
ものかを個別カウンセリングしたり、専門機関と連携を取ったりしま
す。また、障害者を雇用している企業から相談を受けたり、助言をした
りもします。

▶ キャリアコンサルティングの特徴とは？

　自分のキャリアを自分自身で管理するために作成するものを「ジョ
ブ・カード制度」といいます。ジョブ・カードは、①キャリア・プラン
シート、②職務経歴シート、③職業能力証明シートから構成されており、
書式は厚生労働省のジョブ・カード制度のページからダウンロードする
ことができます。自身で作成することで自己理解を深めることもできま

すが、キャリアコンサルティングを受け、キャリア・プランシートを一緒に作ることで、より客観的な自己理解をすることができます。

　発達障害に特化したプログラムについてや雇用トータルサポーターについてより詳細に知りたい方は、拙著『サービス本』をご参照ください。

次のステップ

・日中活動の支援を受けたい場合⇒2-5
・病状が悪化した場合⇒2-2

統合失調症の診断を受け、
ひきこもり生活から
自立生活に至った
鈴木さんのケース

▼ 項目で扱っている範囲のチャート

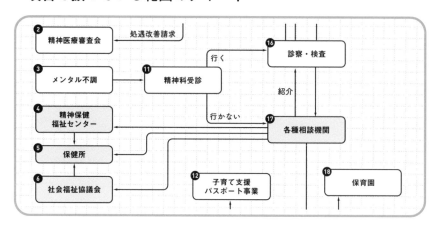

【事例】

　鈴木花子さんは23歳の女性です。大学在学中にメンタル不調に陥り、不穏な状態が続いたり、自傷行為などもあり、大学に通うことができず、大学3年生（21歳）のときに退学しました。以後、家族以外との交流はほとんどなく過ごしています。鈴木さんは両親と3人暮らしで、弟は遠方で一人暮らしをしています。父親は会社員で、母親はパート勤めをしています。

　花子さんは自室にこもっていることが多く、お風呂は週に1〜2度入ればいいほうです。時々、夜中に近所のコンビニにお菓子などを買いに出ることはあります。母親が心配して精神科の受診を勧めたことは何度かありますが、拒否しています。

　XXXX年4月、母親が市の発行する広報誌をながめていると、社会福祉協議会が行っている相談会について掲載があり、母親は相談

しにいきました。対応したコミュニティ・ソーシャルワーカー（CSW）は、母親から花子さんの様子について丁寧に話を聞き、一度、花子さんに会いに行きたいと希望しました。CSW は最初、玄関で声をかける程度の関わりでしたが、毎週自宅を訪問し、少しずつ会話を増やしていきました。そのなかで、花子さんが嫌な声が聞こえるなどと訴えたことから、保健所の医療相談に一緒に行かないかと提案しました。

▶ 精神科の受診を拒む場合

花子さんのように、精神科の受診を拒む方は珍しくありません。拒む理由は人それぞれですが、多くの場合、精神科に対する偏見や誤った知識が背景にあります。そのため、精神科に対する正しい知識を伝えたり、受診を検討している精神科の HP などを見せたりすることも大切です。

それでも難しい場合には、現在の困り事を解決してくれる手がかりとなる相談機関につながることを考えます。大人の精神保健に関する相談を受けつけているのは、精神保健福祉センター、保健所、社会福祉協議会、民間カウンセリングルーム（46頁）などです。

▶ 精神保健福祉センターの特徴とは？

精神保健福祉センターは、精神保健福祉法に基づき、都道府県と政令都市に1か所ずつ設置されています。センター長は医師であることが多く、精神保健福祉士、臨床心理士・公認心理師、保健師、看護師などの専門職や精神保健に関する専門的知識をもつ職員が無料で対応します。

依存症やひきこもり、自殺念慮の高い方など、専門性の高い対応が必要な相談に応じ、自助グループ（47頁）や家族会なども行っています。相談の形態も、来所相談、電話相談、訪問相談など様々です。また、本人からの相談だけでなく、その家族や関係者、専門職からの相談にも対応してくれます。精神科医療機関の情報提供もしてくれるため、精神保健福祉士や心理職が在籍している医療機関を知りたい、依存症に対応し

ている医療機関を知りたい、デイケアを行っている医療機関を知りたいなどの問い合わせにも対応してもらえます。

　未受診の方が精神科病院への入院希望をした場合にも、入院に関する調整を担ってくれます。来所相談や訪問相談の場合は、予約が必須ですので、どのような相談であってもまずは電話をしてみてください。

精神保健福祉センターで押さえておきたいこと

- ・精神保健福祉に関する相談や情報提供が受けられる
- ・精神科医療機関の情報を教えてもらえる
- ・来所相談や訪問相談の場合は予約が必須

▶ 保健所の特徴とは？

　保健所は、地域保健法に基づき、都道府県や政令指定都市、中核市などに設置された公的機関で、地域住民の健康作りや健康問題への対応拠点とされています。保健所は、感染症対策、エイズ・難病対策、精神保健対策などの対人保健分野、食品衛生関係や生活衛生関係などの対物保健分野、医療観察等関連などの業務を担っています。

　保健所の規模によって配置される職種は異なりますが、保健師が多くを占め、医師、薬剤師、獣医師、栄養士、精神保健福祉士などが配置されているところがあります。食中毒が発生した場合に検査や消毒を行ったり、感染症が流行した際に感染状況の把握や感染源の追究をしたり、無料かつ匿名で HIV や梅毒、クラミジアなどの検査を実施したりもします。

　このように様々な内容に対応していたり、名称がよく知られていることなどから、保健所に行くことに抵抗が少ない方もいます。精神科医が月に数回、個別相談会を行っているところが多いため、そこに予約を入れて助言をもらうのもよいでしょう。精神科医の個別相談会で行えることは相談や医療機関の情報提供のみであり、処方などをすることはでき

ません。

　保健師や精神保健福祉士などの専門職は随時相談にあたっているため、いきなり精神科医との相談のハードルが高い方は、他の専門職への相談から試みてもよいでしょう。家族の関わり方について助言をもらうだけでも、有効なことが多くあります。また、断酒会や家族会なども行っていたり、精神保健福祉士が配置されている医療機関を教えてもらったりできます。なお、市によっては市町村保健センター（150頁）と保健所を合体させ、「保健センター」として実施しているところもあります。

保健所で押さえておきたいこと

・精神保健福祉に関する相談ができる
・配置される職種は保健師が多くを占め、医師、薬剤師、栄養士、精神保健福祉士などが配置されているところがある
・精神科医の個別相談を受けることができる

▶ 社会福祉協議会の特徴とは？

　社会福祉協議会（通称：社協）は、社会福祉法に基づき全国に1か所だけ設置されている「全国社会福祉協議会」と、都道府県ごとに設置されている「都道府県社会福祉協議会」、市区町村ごとに設置されている「市区町村社会福祉協議会」の3つがあります。地域住民に直接関わる活動を担っているのは市区町村社協になります。

　地域住民の福祉ニーズに応えることを目的としているため、地域によって実施されている活動は多様です。そのため、各地域の市区町村社協のHPや広報誌で実際の活動内容を確認してください。

　市区町村社協の最も大きな強みは、地域ボランティアと協力して様々な活動を行えることです。ボランティアセンターを設置しており、ボランティアをしたい人とボランティアを受けたい人との調整を行っていたりもします。

また、子育て中の親子や障害者、高齢者が気軽に集えるそれぞれの「サロン活動」を行ったり、地域の様々な相談に応じるコミュニティ・ソーシャルワーカー（CSW）を配置していることもあります。CSW は、相談内容に応じて各専門機関と連携したり、未受診の方や診断がつかない方など、制度のはざまにいる方々の支援も担います。

　地域住民が出入りしやすい場所に相談窓口や出張窓口を設けていたり、必要に応じて自宅訪問もしてくれます。ただし、精神保健福祉センターや保健所のように精神科医は在籍していません。そのため、花子さんのように関係性を作ったあとに、専門機関につなぐことになります。

市区町村社会福祉協議会で押さえておきたいこと

- ボランティアセンターが設置されている
- 子育て中の親子や障害者などのサロン活動を行っている
- コミュニティ・ソーシャルワーカー（CSW）がいる

　精神科受診を拒む方への対応や地域の相談機関についてより詳細に知りたい方は、拙著『サービス本』と『メンタル不調本』を参照ください。仕事に向けた相談がしたい場合には、地域若者サポートステーション（103頁）に問い合わせるのもよいでしょう。

次のステップ

- 受診する場合⇒1-1
- 服薬治療が必要な場合⇒1-2
- 服薬治療以外の治療を受けたい場合⇒1-7
- 入院治療が必要な場合⇒2-2

<table>
<tr><td>2-2</td><td>

精神科病院での
入院方法と入院生活
</td></tr>
</table>

▼ 項目で扱っている範囲のチャート

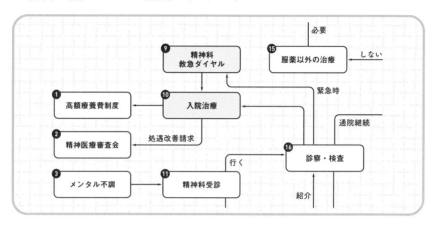

事例

　精神保健福祉相談に CSW と母親と花子さんで行くと、精神科医は穏やかに声をかけました。現在の生活の様子などを話すなかで、花子さんは何をしていても楽しいと思えないこと、自分の悪口を言う声が聞こえてくること、死んだほうがマシだという思いがあることを語りました。

　精神科医は、花子さんに「統合失調症」の可能性が高く、治療が必要であることを説明し、花子さんの自宅近くにある精神科クリニックを受診してみないかと提案しました。花子さんは、了承して帰宅しました。それから数日後の夜、花子さんの部屋から大きな物音がしました。両親が部屋に行くと、花子さんが部屋中の物を投げ、泣き叫んでいました。父親が花子さんを抱きしめ、母親が声をかけることで少し落ちつきましたが、自分自身を拳で

殴ることが止まりません。母親が精神科救急ダイヤルに電話をしたところ、自宅から車で20分ほどの精神科病院に入院ができそうだと説明を受け、両親は花子さんを抱きかかえて車で指定された病院に行くと、そのまま医療保護入院となりました。

▶ 精神科病院での入院について

　精神科病院での入院形態は5つあり、精神保健福祉法に規定されています。本人の意思による「任意入院」、家族の同意に基づく「医療保護入院」、本人や家族の同意が得られない場合に72時間以内に限って精神保健指定医の診察によって行われる「応急入院」、自傷他害の恐れがあるときの「措置入院」、自傷他害の恐れが著しく急を要する場合の「緊急措置入院」です。任意入院以外は、すべて本人の許可を必要としない強制入院となります。

　基本的には任意入院が主となりますが、花子さんのように興奮している状態があり、入院の必要性を十分に理解することが難しい場合、かつ、家族の同意が得られる場合には医療保護入院になることが多いでしょう。家族と同居しておらず、すぐに連絡が取れない場合、かつ、緊急性が高いと判断された場合には、状況に応じて応急入院や措置入院が行われますが、応急入院や措置入院が選択されることはまれです。

　未成年の入院には、原則、親権者の同意が必要なため、強制入院は18歳以上が対象となります。しかし、家族等が虐待やDV（200頁）を行っている場合には、医療保護入院の同意を与える家族から除外され、ほかに家族がいない場合には市町村長に同意を求めることができます。

精神科病院での入院の種類と特徴

・任意入院、医療保護入院、措置入院、応急入院、応急措置入院がある

86

・任意入院以外は強制入院となる

・医療保護入院は、家族の同意があれば入院となる

▶ 精神科救急ダイヤルについて

　夜間休日など医療機関が閉まっているときに緊急を要する場合には、「夜間休日精神科救急医療機関案内窓口」を調べてください。各都道府県内の対応窓口の連絡先が記載されています。かかりつけ医療機関がある場合には、時間外であってもまずはそこに電話をしてみることが望ましいでしょう。また、昼間や緊急ではない相談は、保健所（82頁）か精神保健福祉センター（81頁）に連絡をしましょう。

▶ 精神科病院の閉鎖病棟と開放病棟について

　精神科病院には、「閉鎖病棟」と「開放病棟」が存在します。閉鎖病棟は、出入り口に施錠がされており、入院患者は病棟外に自由に出ることを制限され、携帯電話、刃物（爪切りや産毛剃りも含）、割れ物などは自室に持ち込むことができない病棟です。携帯電話やはさみなどはナースステーションに預け、必要なときにナースステーションで操作することができるようにしているところも多いでしょう。

　一方、病棟の出入り口が1日8時間以上施錠されず（夜間のみ施錠のところが多い）、入院患者や面会者が自由に出入りできる構造をもつ開放病棟もあります。

　花子さんのように緊急性が高い状態で入院した方や、任意入院以外での入院の場合には、閉鎖病棟に入院となる可能性が非常に高いでしょう。閉鎖病棟に入院していた方が、症状が落ちついてくると開放病棟へ移動になります。

　さらに、症状が強い場合や自傷他害の危険性が高い場合には、閉鎖病棟のなかにある「保護室」と呼ばれる隔離室を用いることもあります。

保護室の使用は1〜10日程度になります。

　また、保護室などを使っても患者が壁に激しく頭をぶつけるなど危険な行為がある場合、認知機能の低下によってベッドから転落する恐れがある場合、点滴などの医療器具を勝手に抜いてしまう恐れがあったりする場合などには、ひもや抑制帯、ミトンなどの道具を使用して、「身体拘束」をすることもあります。隔離も身体拘束も患者を守るためだけに用いられるもので、方法などについては精神保健福祉法に厳密に定められています。

　病室は病院によって様々ですが、2〜4人の大部屋と個室に分かれていることがあります。また、個室は患者の希望によって入室できるところと、医師の指示によって入室できるところがあります。

精神科病院の病棟の種類と特徴

- 精神科病院には、開放病棟と閉鎖病棟がある
- 緊急性が高い状態での入院や、任意入院以外での入院の場合、閉鎖病棟に入院となる可能性が非常に高い
- 閉鎖病棟で自傷他害の恐れがある場合や危険行為がある場合には、隔離や身体拘束が使われることがある

▶ 入院生活における精神科作業療法について

　入院中の患者に対して、精神科作業療法を行っているところも多いでしょう。作業療法士（OT）が中心となって、1日2時間のプログラムを行います。手芸や書道などの手先を使うものや、卓球や風船バレーなど体を動かすもの、クイズやパズルなど頭を使うものなど、様々なプログラムが病院によって設定されています。

　基礎体力の向上や生活技能を身につけること、症状の回復や安定を目的に実施されます。精神科作業療法を使うかどうかは、主治医と相談しながら進めるとよいでしょう。精神科作業療法の費用は医療費に含まれ

ますので、高額療養費制度（92頁）の対象となります。

　また、入院中の外出や外泊も、主治医の許可があれば行うことができます。いきなり退院することが不安な場合には、外泊許可を得て、自宅での生活を試してみるのもよいでしょう。

　以前は精神科病院に入院すると入院期間が長くなる傾向にありましたが、精神病床の平均在院日数は平成になってからずっと減少し続けており、1～3か月程度で退院する方が多くなっています。

　その他の専門病棟や病棟での処遇についての詳細は、拙著『メンタル不調本』を参照してください。

　また、保護者が仕事をしており、入退院等の手続きや通院などの本人へのサポートが大変な場合には、介護休暇（164頁）や介護休業（187頁）を取得することもできます。

次のステップ

・通院治療費を安くしたい場合⇒1-2
・入院費用も含めた医療費を安くしたい場合⇒2-3
・服薬管理が1人では難しい場合⇒2-4

2-3 入院生活中の不満への対処や金銭的サポート

▼ **項目で扱っている範囲のチャート**

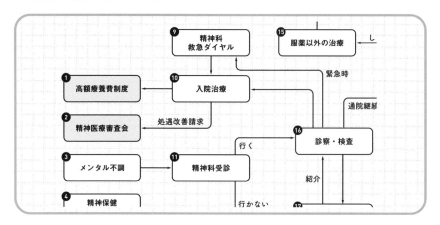

事例

　花子さんは閉鎖病棟に入院することになり、投薬治療が開始されました。しかし、花子さんはすぐに退院したいと両親や主治医に訴えました。主治医からは、現在の病状について丁寧に説明があり、もう少し入院が必要だと伝えられました。それでも花子さんは入院継続に納得がいかず、病棟内にある公衆電話から精神医療審査会に電話をかけ、退院の希望を伝えました。

　結局、退院は認められませんでしたが、花子さんの病状は少しずつ落ちつき、退院をひんぱんに訴えることはなくなりました。母親は、入院生活が長く続いていることなどから、医療費がいくらになるのかが心配だと病院の精神保健福祉士に相談したところ、高額療養費制度について説明を受けました。

▶ 病棟での処遇や退院請求がしたい場合

閉鎖病棟では、携帯電話を自由に使うことができません。その代わりに病棟内には公衆電話が置かれており、そこには精神保健福祉センター（81頁）内にある審査会事務局の電話番号が置いてあります。患者が不当に閉鎖病棟に入れられたと感じたときや病棟での待遇に不満を感じたときには、そこに自由に電話することができ、自身の処遇について「精神医療審査会」にかけることができます。

退院したいのに退院させてもらえない、医療従事者から暴言や暴力を受けたなどの訴えを伝えると、数日から数週間後に審査会の人が病院へやってきて、入院の理由や待遇が正当なものかの調査を行います。病院側の判断や対応に誤りがないという結果になった場合には、入院は継続になります。

また、退院請求に関しては花子さん本人だけでなく、花子さんの家族も請求することができます。

精神医療審査会で押さえておきたいこと

・自由に電話することができる
・不当な入院だと感じたり、処遇改善を求めたいときに電話をする
・入院の理由や待遇が正当なものかの調査が行われる

入院中、手紙は自由に出したり受け取ったりすることができます。患者宛に届いた郵便物を医療従事者が勝手に開封することは違法とされています。ただし、郵送物の内容を確認する必要があると判断された場合には、看護師などが見守るなかでの開封を指示されることがあります。お見舞いは決められた時間、決められた場所で行うことができます。お見舞いの際に持ち込んでいいものに関しては、事前に病院側に確認することが望ましいでしょう。

▶ 高額療養費制度について

　花子さんのように救急で入院となった場合、精神科救急病棟か精神科急性期治療病棟のどちらかに入院することが多いでしょう。

　精神科救急病院に入院した場合には、1か月で約105万円、精神科急性期治療病棟では1か月で約65万円かかるといわれています。ここに、1か月の食事代（約2万円）や日用品購入や洗濯代などの生活費（約1万円）がかかるといわれています。さらに、個室を希望した場合には、「差額ベッド代」も加わり高額となります（差額ベッド代は、医師の指示によって個室を指定された場合や病院の都合によって指定された場合には不要となります）。

　こうした高額な医療費を払うことは難しいと感じる方も多いでしょう。そうした場合に使うことができるのが医療保険制度内の「高額療養費制度」です。22頁で説明したように、花子さんの場合、医療費の自己負担は3割になるので、仮に1か月の入院費用が100万円だった場合、3割の30万円が自己負担額となります。食費や生活費、差額ベッド代は医療費ではないので、全額自己負担です。

　100万円が30万円になるわけですから、これだけでもかなり負担が軽くなるでしょう。しかし、それでも1か月で30万円を支払うことは容易ではありません。そこで、使えるのが「高額療養費制度」です。これは、年齢と年収によって1世帯あたりの医療費の上限が定められており、それ以上は負担をしなくてもよいという制度です。

　花子さんの場合、父親の医療保険の扶養に入っているため、父親の年齢と年収によって上限が決まります。父親が70歳未満で、年収370万〜770万と仮定すると、上限額（自己負担額）は約87,000円となり、これに食費・生活費・差額ベッド代を加えた金額が、花子さんが支払わなければならない金額となります。

　ちなみに、精神科での入院費用は、最初の30日が最も高く、次いで60〜90日、90日以上と、入院期間が長くなると費用も安くなります。高

額療養費制度は毎月適応されるのと、世帯単位のため、花子さんだけでなく父親や母親も医療にかかった場合には、その費用を合算して、上限額以上支払わなくてもよいことになります。

　高額療養費制度を使用する際には、①事前に申請する方法と②事後に申請する場合の2種類の申請方法があります。①は支払いが高額になることが予想された際に、自分が入っている医療保険（27頁）を確認し、保険者に申請を行って「限度額適用認定証」を発行してもらいます。限度額適用認定証を医療機関に提出すると、支払いの際に、限度額のみ支払えばよいことになります。

　保険者の連絡先は勤務先に問い合わせるとすぐにわかりますので、花子さんの場合、父親の会社に問い合わせます。国民健康保険に加入の場合には、保険者は市町村になりますので、市町村役場へ問い合わせます。

　②の場合には、ひとまず医療機関に自己負担額を支払います。その後、保険者に申請して、払い戻しを受けます。保険者によっては、医療機関等から提出された「診療報酬明細書（レセプト）」をもとに自動的に高額療養費を払い戻しするため、申請が不要なところもあります。申請が必要かどうか、保険者に確認する必要があります。高額療養費の支給申請の際には、医療機関等から受け取った領収書の提出が必要ですので、大切に保管してください。

　高額療養費制度の上限の詳細は、拙著『メンタル不調本』を参照してください。

高額療養費制度で押さえておきたいこと

- ・医療費の自己負担の上限額が年齢と年収で定められている
- ・申請方法は、事前申請の事後申請の2種類がある
- ・食費・生活費・差額ベッド代は上限に含まない

▶ 高額療養費貸与制度について

　事後の申請になる場合には、一旦、3割負担分を支払わなければなりません。先ほどの入院費用が100万円の場合だと、ひとまず30万円を支払い、後日、約217,000円が返還されますが、ひとまずの支払いができない場合、「高額医療費貸付制度」を利用することができます。これは、無利子で高額療養費支給見込額の8〜9割相当額を貸付する制度です。

　申請には、必要事項を記入した高額医療費貸付金借用書のほか、医療費請求書や被保険者証または受給資格者票、高額療養費支給申請書等の提出が必要ですが、必要な書類は保険者によって異なりますので、保険者に問い合わせましょう。また、健康保険の場合、保険者によっては、独自の付加給付制度を整えているところもあります。「一部負担金払戻金」「療養費付加金」など呼び方が異なったり、自己負担限度額が異なったりしますので、付加給付制度の有無や内容については、保険者に問い合わせをして確認しておくとよいでしょう。

　精神科病院には、医療費などについて相談にのってくれる精神保健福祉士が医療福祉相談室に配置されていることがほとんどです。総合病院など精神科病院以外の場合には、医療ソーシャルワーカー（MSW）が配置されています。医療費について不安があったり、退院支援についての相談がある場合には、病院内にいる精神保健福祉士や医療ソーシャルワーカーに相談するよう勧めましょう。

次のステップ

・通院治療費を安くしたい場合⇒1-2
・地域移行相談をしたい場合⇒1-11
・服薬管理が1人では難しい場合⇒2-4
・日中活動の場が欲しい場合⇒2-5
・家事や日常生活の訓練をしたい場合⇒2-7

2-4 退院して地域生活を行うためのサポート

▼ 項目で扱っている範囲のチャート

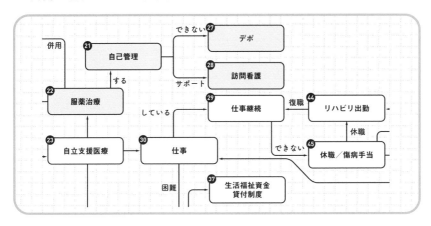

事例

　入院して2か月半が経過して花子さんの状態は落ちつき、退院を希望したことから、退院日についての提案がなされました。退院に向けたカンファレンスが開かれ、退院後はもともと行く予定だった自宅近くの精神科クリニックに通院し、週に1回訪問看護にきてもらうこと、相談支援事業所と定期的に面談をすることを決めました。

▶ 退院に向けた準備について

　2014年4月以降、すべての医療保護入院者に「退院後生活環境相談員」として精神保健福祉士や看護師などの専門職から選任され、入院や退院に関する支援や相談を受けることになりました。また、同時に精神療養

病棟へ入院となった入院患者には「退院支援相談員」が選任され、退院支援にあたります。

　花子さんは医療保護入院でしたので、退院後生活環境相談員が退院支援を担当しています。退院が決まれば、退院後生活環境相談員を中心に、地域の専門機関の職員、病院内の専門職、家族が集まり、「ケースカンファレンス」が開かれます。そこでは、退院後の治療方法や生活について話し合われます。

　入院先の病院に退院後も通院する方が多くいますが、花子さんのように自宅から近いクリニックを紹介してもらい、通いやすいところで通院を続けることもあるでしょう。クリニックによっては、デイケアを実施していなかったり、コメディカルが配置されていないこともあるため、デイケア（100頁）が必要かどうか、コメディカルの支援が必要かどうかも含めて総合的に判断し、花子さんや家族と相談して決定します。

▶ 服薬管理と訪問看護について

　毎日、定期的に服薬を続けることで治療効果を発揮する薬も多くあります。しかし、本人の特性や病状によっては、薬の飲み忘れが頻発してしまったり、服薬しなければいけない薬がわからなくなる可能性があります。そうすると、治療効果が半減するため、適切に服薬するためのサポートが必要になります。

　1回で複数の薬を飲まなければならず、種類や個数の管理が難しい場合には、調剤薬局で「一包化」を希望します。一包化は一度に飲む錠剤やカプセルをシートから出して1袋に個包装してくれるため、飲み間違いや飲み忘れが多い方、手や目が不自由で薬の扱いが難しい方に向いています。調剤薬局で希望すると、薬剤師が主治医の許可を得て実施します。

　それでも服薬管理が難しい場合には、主治医の指示によって「訪問看護」を利用します。訪問看護では、自宅に看護師などが訪問し、世話・

診療の補助を受けることができます。

　訪問看護は、医療保険適用者（65歳未満の方、要介護でない65歳以上の方）と介護保険適用者（40歳以上65歳未満の特定疾病の方、65歳以上の要介護の方）がありますが、ここでは医療保険適用者について説明していきます。

　花子さんの場合、退院時に訪問看護を受けたほうがいいということでしたので、入院していた病院の主治医が「訪問看護指示書」を書くことになります。退院後は、通院先のクリニックの主治医が訪問看護指示書を書きます。

　また、どの訪問看護ステーションを使うといいかの相談は、退院後生活環境相談員や相談支援事業所（66頁）の相談員に相談することができます。

　訪問看護は週1〜3回、1回30〜60分程度利用可能です。そのため、薬が飲めているかどうかの確認だけでなく、体調についての相談や雑談などをすることもできます。診察での主治医とのやり取りは、通常3〜5分程度と短いため、何を伝えたらいいか、どのように相談したらいいかといった相談を訪問看護でしておくのもよいでしょう。

　また、花子さんのように家族以外の人との交流が少ない方は、訪問看護の際に雑談をすることで、自己理解を深めたり、症状回復につながったりもします。そのため、服薬管理に不安がなくても、相談相手や話し相手として訪問看護を入れることがあります。また、毎月訪問看護報告書が主治医に提出されるため、訪問看護での相談内容や状況などが共有されます。

　支給限度額はありませんので、医師に必要性を認められれば、利用回数・利用時間数の上限いっぱいまで利用することができます。それを超えて利用したい場合には自由診療となります。利用料は自立支援医療（21頁）を適応することができるため、1回あたり1割負担の方で555円（3割負担は1,665円）となります。

・主治医の指示のもと看護師などが自宅を訪問する
・週1〜3回、1回30〜60分利用可能
・服薬管理だけでなく、相談することもできる

　一包化や訪問看護を利用しても服薬管理が難しい方や、人前での服薬に抵抗がある方などは、主治医と相談のうえ、LAI（持続性注射剤）やデポ剤と呼ばれる筋肉注射による薬剤投与を行うことができます。この注射による治療は統合失調症の方のみ適用できます。

　持続性注射剤は、一度の注射で2〜12週間効果が持続するため、患者は2〜12週間ごとに医療機関を受診して注射を打ってもらえば、毎日服薬をする必要がなくなります。

　デポ剤や訪問看護活用法の詳細については、拙著『メンタル不調本』を参照してください。

次のステップ

・日常生活での相談をしたい場合⇒1-11
・日中活動の場がほしい場合⇒2-5
・家事や日常生活の訓練をしたい場合⇒2-7
・家事をサポートしてほしい場合⇒2-11

2-5 地域生活における日中活動の場所

▼ 項目で扱っている範囲のチャート

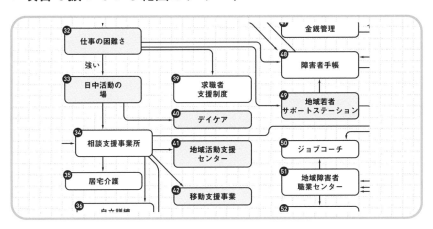

32 仕事の困難さ
強い
33 日中活動の場
39 求職者支援制度
40 デイケア
34 相談支援事業所
41 地域活動支援センター
35 居宅介護
42 移動支援事業
36 自立訓練

金銭管理
48 障害者手帳
49 地域若者サポートステーション
50 ジョブコーチ
51 地域障害者職業センター
52

事例

　退院後、花子さんは予定していた精神科クリニックを受診し、自立支援医療の申請も行いました。入院中の主治医から、退院したら日中活動の場としてデイケアはどうかと声をかけられていたため、通院先のデイケアに見学に行き、「行ってみたい」と希望したことから、週3日はデイケアに通うことになりました。

　花子さんは外に出る機会が増え、身だしなみも整えるようになりました。退院して半年が経過したころ、花子さんは相談支援事業所の相談支援員に、「もっとできることを増やしたい」と希望しました。相談支援員は、花子さんの思いを聞き取り、デイケアから地域活動支援センターへの通所に変更すること、1人で外出する練習として移動支援事業を活用すること、障害者手帳を申請することを提案しました。

▶ 日中活動の場をどこにするか

　障害者手帳については50頁を、相談支援事業所については66頁を参照してください。第1章の山田さんは、相談支援事業所のうち特定相談支援事業所の計画相談支援を受けましたが、花子さんは入院生活からの退院支援が必要だったため、一般相談支援事業所の地域相談支援を使っていることになります。

　ただ、退院後、障害者総合支援法の訓練給付サービス（就労移行支援事業所や就労継続支援事業所等）〔253頁〕を活用するときには、計画相談でサービス等利用計画（107頁）を作成してもらう必要があります。また、特定相談支援事業所と一般相談支援事業所が一体となっているところも多くあります。自立支援医療については21頁を参照してください。

　花子さんのように、日中活動の場がない方には、日中活動の場をどこにするかを決めることが非常に重要です。就労や就労訓練が可能な場合には、様々な就労支援の場が候補となります。退院したばかりや生活習慣が乱れている方、対人関係がほとんどない方などは「精神科デイケア」を日中活動の場にしてもよいでしょう。

　精神科デイケアは、精神科のリハビリテーションです。精神科作業療法（88頁）は入院中のリハビリでしたが、精神科デイケアは通院中のリハビリと考えるとよいでしょう。精神科作業療法よりも時間が長く、1日6時間実施されます。それよりも短いショートケア（1日3時間）、夕方から実施されるナイトケア（1日4時間）、それらを組み合わせたデイ・ナイトケア（1日10時間）があり、精神科医療機関によって実施されている時間やプログラム内容は様々です。体力や生活リズムに合わせて、選択するとよいでしょう。

　送迎があるところも多いため、自力で通うことが困難な場合には送迎を活用しましょう。開始時間や終了時間が決められており、時間ごとにプログラムが組まれているため、多くのことを決める必要がなく、心の負荷が少なくてすみます。また、プログラムへの参加は強制ではありま

せんが、開始時間から終了時間までデイケアの場にいることが求められます。デイケアである程度、生活リズムを身につけることができたり、体力がついたり、やりたいことが出てきたら、次の通所先を見つけることになります。

精神科デイケアで押さえておきたいこと

- ・こころとからだのリハビリテーションの場
- ・送迎があったり、時間ごとにプログラムが決められていたりする
- ・1日3〜10時間の活動

就労が難しい方の日中活動の場として、選択されることが多いもう1つの場は、「地域活動支援センター」（通称：地活）です。地域活動支援センターは、診断を受けている障害者や難病者が通い、創作的活動または生産活動の機会の提供、社会との交流の促進する施設で、これらを基礎的事業として行っています。自由に出入りできる「サロン」を設けているところも多く、障害者の方の居場所として利用することができます。どの障害でも利用することができますが、発達障害や精神障害の方が利用することが多いでしょう。

地域活動支援センターには、Ⅰ型・Ⅱ型・Ⅲ型の3種類があります。Ⅰ型は相談支援も行っており、専門職も配置されているため、相談があるときだけ利用するという方もいます。

Ⅱ型やⅢ型は、生産活動やプログラムを多く取り入れています。送迎はなく、出入りも自由なため、精神科デイケアよりも自由度が高くなります。その分、利用者が自分の状態に合わせて活用方法を検討したり、生活習慣を自分で整える必要があります。

また、精神科デイケアはリハビリですが、地域活動支援センターは余暇活動であり、目的が異なります。本人の目的や状態に合ったほうを選択しましょう。

地域活動支援センターで押さえておきたいこと

- ・障害者の余暇支援の場
- ・居場所として利用できる「サロン」がある
- ・Ⅰ型・Ⅱ型・Ⅲ型の種類があり、それぞれ特色がある

　精神科デイケアの詳細は、拙著『メンタル不調本』を、地域活動支援センターの詳細は、拙著『サービス本』を参照してください。

▶ 未診断の方などが活用したい制度

　花子さんのように精神科医療機関を受診していなかったり、診断がない方、障害者が利用するところに抵抗がある方については、「地域若者サポートステーション」（通称：サポステ）や「生活困窮者自立支援制度」を活用するのもよいでしょう。サポステは15 〜 49歳までの仕事や就学をしていない方が利用でき、本人だけでなく、家族が相談に行くこともできます。基本的には働くための相談場所ですが、ハローワーク（75頁）に行く手前の段階の方から利用することができます。

　サポステは全国に177か所（2024年1月時点）あります。どのサポステを使ってもよいため、通いやすい場所や本人に合ったプログラムを実施しているところを選択するとよいでしょう。

　相談支援はすべてのサポステで行っていますが、プログラムの種類や頻度は場所によって異なります。コミュニケーション練習やリラクゼーション技法、就職支援などをプログラムで行い、1回60 〜 120分程度のことが多いでしょう。

　精神科デイケアや地域活動支援センターのように「日中活動の場」といえるほど、毎日通ったり長時間滞在する場としてはふさわしくありません。本人の状態に合わせて地域活動支援センターとの併用なども検討しましょう。

地域若者サポートステーションで押さえておきたいこと

> ・15 ～ 49歳が対象で、就業や就学をしていない方が利用できる
> ・すべての場所で相談支援を行っている
> ・仕事に向けた準備の場となっている

　経済的に困窮し、最低限度の生活を維持することができなくなるおそれがある方に包括的な支援を行うのが「生活困窮者自立支援制度」です。経済的に困っているけど生活保護（124頁）に至らない方、ひきこもり状態の方、税や各種料金を滞納している方、ホームレスなどが対象です。

　生活困窮者自立支援制度には2つの必須事業と4つの任意事業があり、各自治体は必須事業を行うとともに、任意事業は地域の実績に応じて実施します。市町村役場や社会福祉協議会（83頁）に窓口を置いているところが多いでしょう。必須事業には、「自立相談支援事業」と「住居確保給付金（35頁）」があります。自立支援相談では、相談者に対してアセスメントを実施し、個々の状態に合った支援計画を作成して必要なサービスにつなげます。また、必要なサービスを使う際の関係機関への同行訪問や就労支援員による就労支援などを行います。任意事業には、「就労準備支援事業」と「一時生活支援事業」、「家計改善支援事業」「子どもの学習・生活支援事業」があります。

　就労準備支援事業は、直ちに一般就労への意向が困難な生活困窮者に対し、生活習慣形成が必要な「生活自立段階」、就労の前段階として必要な社会的の能力を習得する「社会的自立段階」、事業所での就労体験の場の提供や一般雇用（54頁）への就職活動に向けた技法や知識の習得を支援する「就労自立段階」の3段階でとらえ、個々人に応じた支援を行います。個別面談を行い、計画を立てたうえで、運動やワークショップ、セミナーなどのプログラムと、ボランティア活動や商店街活動などの地域活動とを取り入れながら行っています。

　就労訓練事業（いわゆる中間的就労）は、就労準備支援事業の利用後に一般就労に結びつかなかった方を対象に、訓練として、就労体験や、

支援つきの雇用を提供する生活困窮者自立支援法に基づいて運営する事業です。生活困窮者だけでなく、生活保護受給者も利用できます。利用者の能力や適性、状況に応じて作成した個別の就労支援プログラムに基づき、一般就労に向けた支援を中・長期で実施します。

　利用にあたっては、雇用契約を結ばず訓練として就労を体験する「非雇用型」と雇用契約を結び担当者の支援を受けながら働く「支援付雇用型」とがあります。就労訓練事業に認定されている事業所一覧は各都道府県のHPなどに掲載されています。介護や農作業、掃除、レジ打ちなど様々な仕事から選択することができます。

　一時生活支援事業は、居住のない生活困窮者を一定期間内（3か月程度）、宿泊場所の提供や衣食の供与等を行います。家計改善支援事業では、債務問題を抱える相談者に法テラス（211頁）などの関係機関につないだり、家計の再建に向けたきめ細かい相談支援等を行ったりします。子どもの学習・生活支援事業は、ひとり親家庭等生活支援事業（226頁）とともに、生活困窮家庭の子どもに学習支援を提供します。

▶ 介護の必要がある方への制度

　花子さんは自分で移動したり、お風呂に入ったり、食事をしたりと身の回りのことを1人で行えるため、介護をほとんど必要としません。しかし、障害者のなかには常に介護を必要とする方もいます。そういう方の場合、日中活動の場として障害者総合支援法の介護給付に定められている「生活介護」を利用することが多いでしょう。障害支援区分（252頁）が3以上の方が利用できますが、事業所によっては、障害支援区分が5や6の方が大半というところもあります。

　生活介護では、主に昼間において、入浴・排せつ・食事等の介護、調理・洗濯・掃除等の家事、生活等に関する相談・助言その他の必要な日常生活上の支援、創作的活動・生産活動の機会の提供のほか、身体機能や生活能力の向上のために必要な援助を行います。自宅での入浴が困難な方が、生活介護で入浴をするために利用することもあります。

▶ 移動支援事業について

　精神科デイケア（100頁）や地域活動支援センター（101頁）などを通じて余暇活動を身につける方も多くいます。それらのプログラムで行った料理や手芸などを自宅でもやってみたり、プログラムで出かけた場所に1人で行ってみたりする方もいます。このように余暇活動を広げたいと思っても、1人で電車に乗ることが難しかったり、お金の使い方やチケットの購入が難しかったり、1人で出かけることに不安を感じる方もいます。そうした際に活用できるのが、障害者総合支援法に定められている「移動支援事業（ガイドヘルパー）」や「行動援護」です。ガイドヘルパーは小学1年生以上の社会生活上必要不可欠な外出および余暇活動等の社会参加のための外出を支援します。具体的には、映画やショッピングなどに行くときなどにガイドヘルパーがつき添います。

　知的障害・精神障害者を対象としたガイドヘルパーは「行動援護従事者」と呼ばれます。行動援護を利用する場合、市町村役場にて、障害支援区分（252頁）の認定を受ける必要があります。ガイドヘルパーのチケット代や電車代は利用者負担となりますが、障害者手帳（50頁）を提示することで、同伴者の料金も割引になったり無料になるので、障害者手帳と併せて活用するとよいでしょう。移動支援事業と行動援護の違いや利用方法の詳細は、拙著『サービス本』を参照してください。

　視覚障害により、移動に著しい困難がある方は「同行援護」を利用することができます。行動援護と同じように市町村役場で障害支援区分の認定を受ける必要があります。移動のサポートだけでなく、必要に応じて代読や代筆、排泄や食事のサポートも行います。

次のステップ

・様々な働き方について相談したい場合⇒1-8
・日常生活での相談をしたい場合⇒1-11
・就労の練習をしたい場合⇒2-6

福祉的サポートを受けながらの就職

▼ 項目で扱っている範囲のチャート

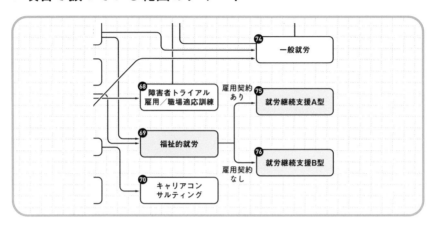

事例

　花子さんは地域活動支援センターⅠ型に毎日通い、地活が休みの日には月2回、ガイドヘルパーと障害者手帳を使ってバスに乗り、少し離れた地域にあるカフェに通うことが楽しみになりました。そして、両親からお小遣いをもらっていることについて触れ、「自分でお金を稼いでみたい」と語りました。

　花子さんは、大学生のときにアルバイトを1か月ほどしたことがありますが、体調を崩して辞めています。相談支援員は福祉的就労について説明し、まずはB型事業所で就労し、その後A型事業所に移行できるようチャレンジしてみたらどうかと提案しました。

▶ 福祉的就労の特徴とは？

　働く方法として「一般就労」と「福祉的就労」があるという説明や、一般就労についての説明は54頁を参照ください。ここでは福祉的就労について説明します。

　福祉的就労には、障害者総合支援法の訓練給付に定められている「就労継続支援 B 型事業所」と「就労継続支援 A 型事業所」のどちらかを活用するという方法があります。どちらも支援員が配置されており、利用者のサポートにあたっています。どちらも利用者は障害者です。さらに、障害の種類や程度に関係なく利用することができ、障害者手帳も必須ではありません。しかし、事業所によって支援を得意とする障害が異なったり、重度障害者の利用が多いところや軽度障害者の利用が多いところまで様々です。

　訓練給付を利用したいときには、まず障害者就業・生活支援センター（51頁）や相談支援事業所（66頁）に相談し、気になる事業所をいくつか見学に行きます。行きたい事業所が決定したら、市町村役場で受給者証を申請します。

　受給者証ができるまでには2週間〜 1か月かかるため、その間に特定相談支援事業所でサービス等利用計画を作成してもらいます。サービス等利用計画を市町村役場に提出し、受給者証を受け取ったら、利用する事業所に受給者証を提出し、利用契約を結びます。

　サービス等利用計画は、障害者のニーズや環境を勘案し、総合的な視点で作成される「利用者の生活に関する総合的な支援計画」です。本人や家族が希望する生活について聞き取り、それに向けた援助の方針、長期目標、短期目標を立て、さらにそれらの目標を達成するために具体的にどのような福祉サービスをどれくらいの期間、何を目標に利用するのかを書いていきます。

　花子さんの場合、退院したときには精神科デイケア（100頁）と訪問看護（96頁）のみの利用でした。これらは医療サービスになり、福祉サー

ビスを利用していないため、サービス等利用計画は立てられていません。その後、地域活動支援センター（101頁）と移動支援事業（105頁）を利用しています。これらは福祉サービスですが、障害者総合支援法の地域生活支援事業にあたるため、サービス等利用計画は不要です（行動援護は介護給付）。今回、福祉的就労を利用することになり、これは障害者総合支援法の訓練給付にあたることから、ここではじめてサービス等利用計画を作成することになります。

　また、サービス等利用計画には1週間の支援状況も記載するため、たとえば花子さんが月・水・金の10〜15時はB型事業所を使い、火・木の同じ時間は地活に行き、火・木の16時からは訪問看護が来て、土は月2回ガイドヘルパーを利用したとしたら、それらすべてを計画書の1週間のタイムスケジュールに書き入れます。そして、それぞれのサービスの利用目標を書き、本人のニーズとどのようにマッチしているのか、支援者はどのように支援するのかも記します。

　そしてサービス等利用計画は、1〜6か月に1回、特定相談支援事業所がモニタリングを行い、サービスの利用頻度や内容に変更がないか、目標や支援方法に変更がないかを確認します。

サービス等利用計画で押さえておきたいこと

・福祉サービスの総合的な支援計画
・特定相談支援事業所で作成する
・特定相談支援事業所が1〜6か月ごとにモニタリングを実施

　さらに、それぞれの事業所で「個別支援計画」が作成されます。個別支援計画は、障害者総合支援法で作成が義務づけられており、移動支援や地活など、サービス等利用計画が不要な福祉サービスでも作成しなければなりません。

　たとえば、花子さんの場合、地域活動支援センターでは長期目標として「働いて自分でお金を稼げるようになりたい」を掲げ、短期目標とし

て「毎日サロンに通えるようになる」を挙げたとします。

　毎日サロンに通うために地活で何をするのかについては、①10時に来所して生活リズムを作る、②ランチ作りのプログラムに参加して食生活を整えるとし、①を達成するために本人は「夜22時就寝、8時起床」を行い、地活の支援者は「10時に来所できた日をカレンダーに○をつける」を行います。②を達成するために本人は「食べたい料理をミーティングで発言する」を行い、支援者は「意見が言いにくそうなときには選択肢を提示する」とします。このように、サービス等利用計画に基づきながら、個別支援計画は各事業所で具体的に何をするかを明確にします。

　個別支援計画も3〜6か月ごとにモニタリングが行われ、目標が達成されたか、支援内容は適切であったかなどの見直しを行います。サービス等利用計画や個別支援計画は、障害者総合支援法に基づく福祉サービスだけでなく、児童福祉法に基づく福祉サービスにも必要です。個別支援計画の書式は定められていないため、事業所ごとに異なります。

　サービス等利用計画や個別支援計画の見本や詳細は、拙著『サービス本』を参照してください。

▶ Ｂ型事業所とＡ型事業所の違いについて

　Ｂ型事業所とＡ型事業所の一番の大きな違いは、「労働基準法に基づいた労働契約を結ぶかどうか」です。Ａ型事業所は労働契約を結ぶため、週20時間以上の勤務が必要です。その代わりに最低賃金が発生し、給与がもらえます。

　一方、Ｂ型事業所は労働契約を結ばないため、本人のペースで仕事をすることができますが、給与はもらえず、1か月通ったとしてもお小遣い程度の工賃しかもらえません。

　また、Ａ型事業所はハローワークで求人票を見られますが、Ｂ型事業所は相談支援事業所（66頁）や市町村役場で教えてもらうことが主です。Ｂ型事業所のなかにもお弁当屋さんや清掃業などハードな業務を行うところがあったり、週20時間以上通っている方もいます。工賃では労働対

価に見合っていないと感じることもあるでしょうから、その場合には
A型事業所への移動を検討するのもよいでしょう。なかには、労働対
価よりも責任が少ないB型事業所にいるほうがラクに仕事ができ、体
調が整う方もいます。本人の労働意欲や体調、労働対価などを総合的に
考慮するのがよいでしょう。花子さんのように、まずはB型事業所で
練習をして、A型事業所で働ける自信をつけてから移る方もいます。

　また、B型事業所には年齢制限がありませんが、A型事業所は64歳ま
でしか利用できません。そのため、B型事業所は高齢になっても継続し
ていたり、A型事業所を退職した方がB型事業所を利用することもあり、
B型事業所のほうが利用者の平均年齢が高い傾向にあります。さらに、
B型事業所を利用するには下記の条件のいずれかに該当しなければなり
ません。

①就労経験があり、年齢や体力の面で、一般企業に雇用されること
　が困難になった方
②50歳以上の方
③障害基礎年金1級を受給している方
④就労移行支援事業者等によるアセスメントにより、就労面の課題
　が把握されていて、かつ、就労継続支援B型事業所を利用する
　ほうが適切だと判断された方

　つまり、一度も就労経験がない方で、かつ、49歳以下で障害が軽度か
ら中等度の方は、一度就労移行支援事業所（63頁）に通い、就労アセス
メントを1か月程度受け、一般企業への雇用が困難であると判断されな
ければB型事業所を利用できません。

　花子さんは、大学時代に1か月間のアルバイト経験があったため、①
の該当者となり、B型事業所を利用できますが、このアルバイト経験が
なければ、就労アセスメントを受けなければなりませんでした。就労ア

セスメントは、基本的に毎日就労移行支援事業所に通う必要があるため、B型事業所を利用したいと思っている方にとってはハードルが高すぎることがあります。その場合には、相談支援事業所（66頁）と市町村役場に相談をする必要があります。アルバイト経験が1日でもあれば、①に該当すると認められることもあります。

地域によっては、A型事業所の数が少なく、希望してもなかなか利用できないこともあります。今後、障害者の働く選択肢がより増えることを願っています。B型事業所とA型事業所それぞれの特色や違いの詳細は、拙書『サービス本』を参照してください。

就労継続支援事業所B型とA型で押さえておきたいこと

- B型は労働契約を結ばないが、A型は労働契約を結ぶ
- B型は年齢制限がないが、A型は64歳まで

次のステップ

- 様々な働き方について相談したい場合⇒1-8
- 一般就労がしたい場合⇒1-9
- 就労訓練がしたい場合⇒1-10
- 一人暮らしをしたい場合⇒2-7、2-8

一人暮らしの練習がしたい場合

▼ 項目で扱っている範囲のチャート

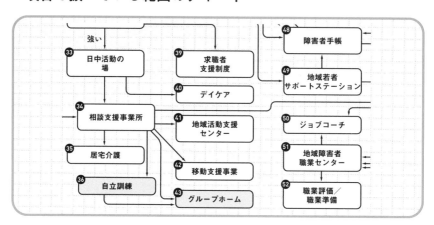

強い

㉝ 日中活動の場
㊴ 求職者支援制度
㊵ デイケア
㉞ 相談支援事業所
㊶ 地域活動支援センター
㉟ 居宅介護
㊷ 移動支援事業
㊱ 自立訓練
㊸ グループホーム

㊽ 障害者手帳
㊾ 地域若者サポートステーション
㊿ ジョブコーチ
51 地域障害者職業センター
52 職業評価／職業準備

事例

　花子さんはお弁当を作るB型事業所で働き始め、1年が経ちました。他の利用者がグループホームで生活をしていることを知った花子さんは、自分も一人暮らしをしてみたいと希望しました。両親は、いきなり一人暮らしを認めることはできないとし、宿泊型の自立訓練（生活訓練）を使って一人暮らしの練習を行い、その後グループホームへの入居をすることを許可しました。障害年金の申請も終え、宿泊型の自立訓練を1年利用した後、外部サービス利用型のグループホームに入居することになりました。

▶ 自立訓練の種類と特徴

花子さんが利用することになった「自立訓練」は、地域生活を営む

えで、生活能力の維持・向上等のため、一定の支援が必要な知的・精神障害者を対象にした福祉サービスです。障害者総合支援法の訓練給付にあたるため、申し込み方法等の仕組みは、就労継続支援事業所などと同じなため、107頁を参照して下さい。

自立訓練には、「自立訓練（機能訓練）」と「自立訓練（生活訓練）」の2種類があります。機能訓練は、身体機能・生活能力の維持・向上等のため、一定期間の訓練が必要な障害者に対して、理学療法・作業療法その他必要なリハビリテーション、生活等に関する相談および助言その他の必要な支援を実施します。利用期間は1年半です。

一方、自立訓練（生活訓練）は、生活能力の維持・向上等のため、一定期間の訓練が必要な障害者に対して、入浴・排泄および食事等に関する自立した日常生活を行うために必要な訓練、生活等に関する相談および助言その他の必要な支援を実施します。利用期間は2年です。

自立訓練には「通所型」と「訪問型」があり、自立訓練（生活訓練）にはさらに「宿泊型」があります。通所型は事業所に通って訓練を行いますが、訪問型は支援者が自宅に訪問して訓練を行います。通所型や訪問型は日中に支援が行われますが、宿泊型は、事業所に寝泊りして生活をしながら訓練をします。

花子さんは、退院してしばらくしてから宿泊型自立訓練（生活訓練）を利用することにしましたが、精神科病院に1年以上入院していて、退院するときに一人暮らしやグループホームをする方が退院の練習として利用したり、特別支援学校を卒業した方が一人暮らしに向けて練習するときに使ったりします。

通所型の自立訓練（生活訓練）のなかには、就労継続支援B型事業所（107頁）と似たような活動を行っているところもあり、軽作業やコミュニケーションのプログラムを行っているところもあります。料理や洗濯、掃除、ATMの使い方など、日常生活に必要なスキルを身につけるための練習の場として使われることも多いでしょう。宿泊型と通所型を両方備えている事業所では、昼間は通所型の自立訓練（生活訓練）を

利用し、夜は宿泊型の自立訓練（生活訓練）を利用します。

　自立訓練（機能訓練）は、身体障害者の利用が圧倒的に多く、自立訓練（生活訓練）は、精神障害者の利用が最も多く、次いで知的障害者の利用が多いです。

　花子さんは退院後、家族と生活をしていたため、日中活動の場を精神科デイケア（100頁）と地域活動支援センター（101頁）にしましたが、家族のサポートが受けられない場合や、自立した生活を望む方の場合には、通所型の自立訓練（生活訓練）を日中活動の場とする方もいます。

　また、ひきこもり生活をしていた方が生活習慣を整えたりする際に、自立訓練（生活訓練）をまず利用し、そこから就労移行支援事業所（63頁）に行くこともあります。就労移行支援事業所も2年間の有期限ですので、2年では就労が難しい方は、自立訓練（生活訓練）と合わせて4年かけて就労を目指します。

自立訓練で押さえておきたいこと

- ・自立訓練には、自立訓練（機能訓練）と自立訓練（生活訓練）がある
- ・自立訓練（生活訓練）には、通所型・訪問型・宿泊型がある
- ・自立訓練（生活訓練）の利用期間は2年
- ・自立訓練（生活訓練）は、自立した日常生活を行うために必要な訓練を行う

▶ グループホームの特徴とは？

　障害者の方が一人暮らしをしたいと考えつつも、完全に1人で生活することに不安がある方もいるでしょう。そうした場合に利用できるのが、障害者総合支援法の訓練給付にある「共同生活援助」（通称：グループホーム）です。

　マンションやアパートなどを一棟、グループホームとしているところ

と、複数の部屋がある一軒家をグループホームにしているところがあります。いずれも1人につき1部屋が与えられ、みんなで食事などをする共有スペースが設けられています。一軒家の場合はトイレやお風呂も共有となります。世話人が配置されており、料理や掃除、洗濯などのサポートを受けられたり、日頃の相談にものってもらうことができます。シェアハウスをイメージするとよいでしょう。

　グループホームは提供されるサービスによって次の4つに分類されます。最も利用者数が多いのは外部サービス利用型です。

・介護サービス包括型：夜間や休日でも世話人が常駐しており、食事や入浴、排泄などの介護サポートも提供
・外部サービス利用型：夜間に世話人が必要に応じて相談等のサポートを提供、介護が必要な場合には外部の居宅介護（136頁）を活用する
・日中活動サービス支援型：重度障害や高齢者向け。日中の時間帯もグループホームを利用できる
・サテライト型：グループホームの近くにあるマンションなどで生活する。一人暮らしに近いが、利用期限が2年間

　花子さんは、グループホームの利用の前に自立訓練（生活訓練）を活用しましたが、宿泊型の自立訓練（生活訓練）は、数が多くないことや病院から退院する方のみを受け入れているところもあるため、グループホームに入る練習として体験入居を活用するのもよいでしょう。最大50日間利用できます。

　利用料には、家賃や光熱費、食費等がかかります。それらの値段設定は事業所によって大きく異なりますので、各事業所に問い合わせる必要があります。

　また、日中活動サービス支援型以外は、日中の支援はされません。そ

のため、グループホームを利用する条件に、日中活動の場を確保しておくことが挙げられます。就労継続支援 B 型事業所（107頁）や地域活動支援センター（101頁）、自立訓練（生活訓練）の通所を日中活動の場にしている方も多くいます。

グループホームで押さえておきたいこと

・世話人のいるシェアハウス
・提供されるサービスによって4つに分類される

次のステップ

・働いたお金だけでは経済的に厳しい場合⇒1-11
・仕事はまだ難しい場合⇒2-5
・金銭管理が難しい場合⇒2-8
・家族の介護が必要な場面が多い場合⇒3-9

2-8 金銭管理が1人では うまくできない場合

▼ 項目で扱っている範囲のチャート

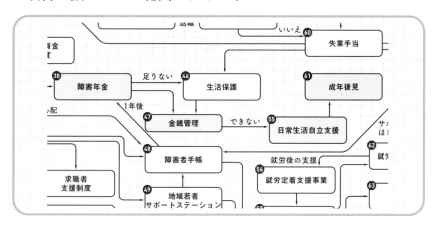

事例

　グループホームの入居にあたり、鈴木さん両親は、障害基礎年金や B型事業所で得た工賃のすべてが入った銀行口座を花子さんに渡しました。しかし、花子さんは半月経たないうちに1か月分の障害年金や工賃をすべて使ってしまったため、グループホームの世話人が毎日の収支を確認することになりました。そして、両親と花子さんに、今後も金銭管理が難しい状況が続けば、日常生活自立支業の利用も検討できることを説明しました。

▶ 年金保険料の特徴について

　障害年金の詳細については67頁を参照してください。花子さんは20歳以降、仕事をしていません。そのため、厚生年金には加入しておらず、

申請ができるのは障害基礎年金のみとなります。また、花子さんは大学中退後、ひきこもり生活をしていたため、収入がありません。国民年金保険料の支払いを、親が花子さんの代わりにしていたか、免除・猶予申請をしていなければ未納となり、そもそも申請ができなくなります。

67頁で説明したように、会社勤めの方が年金保険料未払いになることは少ないですが、学生や自営業の方などは未払いが発生しやすく、「未納」となるリスクが高まります。老齢年金・遺族年金・障害年金を受給するためには、保険料に関する納付の条件を満たす必要があり、未納があると年金保険を受給できない可能性が出てきます。また、老齢年金は納付期間に応じて支払額を決定します。20歳から60歳まで一切未納期間がなく支払い続けた方と、途中で未納期間があった方とでは、老齢年金を受給するときの金額が異なるということです。

▶ 年金保険料の猶予・免除について

しかし、失業等によって保険料の支払いが困難になる方もいるでしょう。年金保険料を支払う余裕がない場合には、支払いをしなくてもよい「免除」と、支払い期限を先延ばしにできる「猶予」という制度を使用できます。

免除の場合には、保険料を支払わなくても年金を受給する権利を失わず、かつ、老齢年金の受給年金金額は減るものの一部支払ったものとして計算されます。猶予の場合には、免除と同様、保険料を支払わなくても年金を受給する権利は失いませんが、あとから追納しなければ、支払わなかった期間の金額が、受給年金額の計算に含まれません。

また、免除には「法定免除」と「申請免除」があります。「法定免除」は、対象となれば収入等に関係なく保険料の支払いが免除されます。生活保護の生活扶助を受けている方や障害基礎年金を受けている方などが対象です。また、「産前産後保険料免除制度」もあり、会社で産休を取ると、産前産後期間は保険料の支払いが免除されます。

「申請免除」は、所得が前年度よりも少なくなった方や失業や災害などによって納付が困難となった方が対象です。世帯主や配偶者の所得も含めて審査され、全額免除や一部免除などが決定されます。

　猶予には、納付が困難な50歳未満の方が対象となる「納付猶予制度」と、学生が対象となる「学生納付特例制度」があります。後者は、大学でも専門学校でも大学院でも在籍していれば対象です。ただし、年収が額面で約194万円以下である必要があります。

　免除や猶予を希望の場合には、いずれも、市町村役場にて「国民年金保険料免除事由（該当・消滅）届」「免除・納付猶予申請書」といった必要書類を提出するようにしてください。

　花子さんの場合、21歳まで大学生だったため、20歳からの1年間は学生納付特例制度を使うことができました。また、大学退学後からの2年間は申請免除できる可能性がありますが、両親と一緒に住んでおり、父親が会社員であることを考えると、審査が通らない可能性があります。

　もし未納だった場合、医療機関を初診後にあわてて追納しても支払い期間としてカウントされません。日頃から支払いや申請をきちんと行っておくことが重要です。未払い期間があるかどうかなど、確認をしたい場合には年金事務所に問い合わせましょう。そして、花子さんは障害基礎年金を受給し始めましたので、受給している間、年金保険料は法定免除になります。

年金保険の猶予と免除で押さえておきたいこと

・免除は、保険料は支払い免除されるが、納付期間に換算され、年金受給額に算出される
・猶予は、保険料の支払いに猶予が与えられ、支払っていない期間も納付期間に換算され、保険料を追納することができる

▶ 金銭管理について

　花子さんは、金銭管理がうまくできませんでした。こうした場合、まずは身近な支援者に相談し、家計簿のつけ方や金銭管理の方法を一緒に検討してもらうようにします。最近は、レシートをカメラで読み取ったり、電子マネーをアプリにひもづけて管理できたりと、様々な管理方法があります。用途に応じてお金を封筒に小分けするなどのアナログな方法も有効です。

　そうした工夫を凝らしても、金銭管理が難しい場合には、社会福祉法に定められている「日常生活自立支援事業（あんしんさぽーと事業）」を検討します。この制度を使うと、①福祉サービス利用の情報提供や手続きの支援、②家賃や光熱費の支払い、日常的な金銭管理の支援、③通帳や銀行印などの重要書類等の管理の支援、④生活変化の見守りの4つのサポートを受けることができます。

　窓口は市区町村社会福祉協議会（83頁）で、申請後、利用可能かどうかの判定を行い、「支援計画」を作成します。支援計画を作成する際に、月々いくらの収入があり、家賃や光熱費などの固定経費がいくら引き落とされ、生活費をどれくらいの頻度でいくらずつ渡すかを確認します。

　対象は、①判断能力が不十分な方（認知症高齢者・知的障害者・精神障害者等であって、日常生活を営むのに必要なサービスを利用するための情報の入手・理解・判断・意思表示を本人のみで適切に行うことが困難な方）、かつ、②事業の契約内容について判断し得る能力を有していると認められる方です。サービスの利用や金銭管理にあたっての判断能力が不充分でも、日常生活自立支援事業の契約については判断できる方が対象になります。施設に入所したり、病院に入院したりした場合でも利用することができます。

　市区町村社協が通帳を預かり、預金の出し入れや税金の支払い手続きなども代行しますが、利用者の意向なしにそうしたことを行う権利は

もっていません。また、複数の通帳の所持や、携帯のキャリア決済など
を行っていると管理が十分にできないことがあります。周囲が強制的に
管理するのではなく、あくまで本人が管理することをサポートする制度
だという認識が大切です。利用料は自治体によって異なりますが、生活
保護世帯は無料です。

日常生活自立支援事業で押さえておきたいこと

- ・金銭管理の支援など4つのサポートを受けることができる
- ・対象は、金銭管理にあたっての判断能力などが不充分でも、日常
  生活自立支援事業の契約については判断できる方

▶ 成年後見制度について

　花子さんにはまだ少し先の話になりますが、判断能力がさらに低下
し、財産管理（不動産や預貯金などの管理、遺産分割協議などの相続手
続など）や身上保護（介護・福祉サービスの利用契約や施設入所・入院
の契約締結、履行状況の確認など）などの法律行為を1人で行うのが難
しくなった場合に使うのが、「後見制度」です。

　後見制度には、「任意後見制度」と「法定後見制度」があります。「任
意後見制度」は判断能力が保てている間に、本人が後見人を自ら選び、
判断能力が低下したときに代わりにしてもらいたいことを決めておく制
度です。代理権（本人に代わり法律行為を行う権利）のみを有します。
　法定後見制度は、判断能力が不充分となったときに、本人の判断能力
の程度によって「後見」「補佐」「補助」が決められ、裁判所によって選
ばれた成年後見人（159頁）が、同意権（本人の法律行為に同意する権
利）、取消権（本人の行った法律行為が本人にとって不利益となるとき、
その法律行為を取り消しできる権利）、代理権を有します。
　成年後見制度を申し出る場合には、本人や配偶者、直系の親族などが

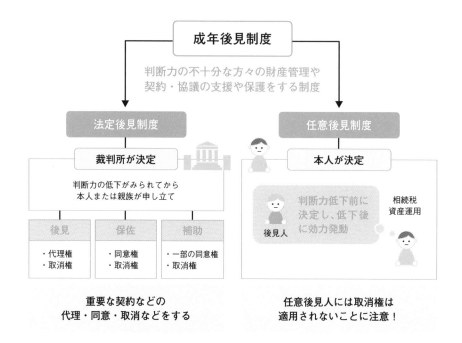

　申し立てることができ、住所地の家庭裁判所に申請にいきます。法定後見であれば、市町村長や検察官が申し立てることができるため、身内がいない方でも申し立てが可能となります。

　日常生活自立支援事業を活用していた方が、加齢や病気の進行によって判断能力が低下すると、成年後見に切り替える方が多いでしょう。しかし、遠方にいる家族が後見人等に選ばれた場合には、日常生活自立支援事業を併用し、日々の生活のお金の管理を任せることもあります。

次のステップ

・障害年金だけではお金が足りない場合⇒2-9
・出産のサポートを受ける場合⇒2-10

2-9 最低限度の文化的で健康的な生活ができない

▼ 項目で扱っている範囲のチャート

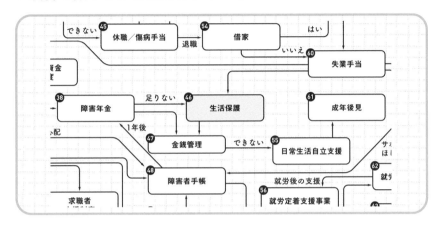

事例

　その後、花子さんはＡ型事業所で就労し、グループホームでの生活を続けていましたが、Ａ型事業所で出会った男性と恋愛し、結婚することになりました。2人で生活をするためにグループホームを退所し、花子さんの実家の近くのアパートを借りて生活をするようになりました。

　そして、花子さんは妊娠したため、Ａ型事業所を退職しました。しかし、同時に花子さんの夫も体調を崩してＡ型事業所を退職することになりました。2人の障害者年金だけでは生活が難しく、生活保護の申請をすることにしました。

▶ 生活保護制度について

　生活保護は、資産や能力等すべてを活用してもなお生活に困窮する方に対し、困窮の程度に応じて必要な保護を行い、健康で文化的な最低限度の生活を保障し、その自立を助長する制度であり、「最後のセーフティネット」と呼ばれています。健康で文化的な最低限度の生活を送る権利は憲法で定められており、生活保護を申請することは国民の権利です。

　生活保護は、次の4つの原理で成り立っています。

・国家責任：健康で文化的な最低限度の生活を送ることができるよう国が責任をもつ
・無差別平等：犯罪等を侵さず法律を守って生活をしている限り、保護を無差別平等に受けることができる
・最低生活保障：健康で文化的な生活水準を維持することができる
・保護の補足性：利用し得る資産、能力その他あらゆるものを、活用することが条件

「保護の補足性」が、生活保護を「最後のセーフティネット」とするゆえんです。たとえば、花子さんが株や生命保険などの資産をもっていたとしたら、まずはそれを解約したり売ったりして現金を作る必要があります。また、花子さんはすでに障害基礎年金（67頁）を受給し、自立支援医療（21頁）を使って医療費を減額していますが、このように生活保護以外で使えるすべての制度をまずは使うことが優先されます。

　そして、花子さんと夫はA型事業所を続けることができない状況ですが、働いて稼げる状況であれば、働いて稼ぐことが優先されます。さらに、生活保護が申請されると申請者の3親等内の親族に「扶養照会」の連絡がなされます。これは、親族が扶養することはできないかという問い合わせです。親族の資産調査は行われず、親族が扶養を断れば生活

保護の支給が決定します。親族からDV・虐待（200頁）を受けていた場合や、長期間音信不通である場合には、扶養照会を断ることもできるため、その場合には担当職員に事情を伝えるようにしましょう。

このように、生活保護以外の手立てをまず考え、それでも保護基準額に到達することが難しい場合に、不足分の申請が認められます。ちなみに、生活保護は借金がある場合には申請できないため、その場合にはまず自己破産を行う必要があります。

次に、生活保護は次の4つの基本原則に基づいて支給されます。

・申請保護の原則：基本的には本人か同居している親族が申請しなければ自動で支給されない
・基準及び程度の原則：世帯収入が、国の定める保護基準（最低生活費）に満たない場合に、その不足する金額を保護費として受けることができる
・必要即応の原則：生活保護支給は行政が的確に判断し、迅速に決定する
・世帯単位の原則：世帯単位で支給される

生活保護への誤解として多いのが、一切の収入がない人しか受けられないというものです。「基準及び程度の原則」にあるように、保護基準に満たない場合に受給できます。保護基準は地域や年齢によって変動し、子どもの有無や障害の有無、ひとり親家庭かどうかなどによって加算が加わります。そして、この保護基準に満たないかどうかは、個人単位ではなく世帯単位で検討されます。

生活保護を申請すると、資産調査が行われ、原則申請日から14日以内に受給開始か却下かの決定が通知されます。車や持ち家などは原則「資産」とされてしまいますが、持ち家の価値が低かったり、車がないと生活ができない地域だったりする場合には、保有を認められることもあり

ます。諦める前に相談することが大切です。また貯金額が10万円を切ってから申請に行くようにすることと、受給開始がされるまでの食費や生活費は現金で確保しておくことが大事です。

　花子さんの場合、夫と花子さんそれぞれが障害基礎年金2級（月66,250円）を受給していたとしたら、2人の収入は66,250円×2人で132,500円となります（68頁）。この金額だけで2人でアパートを借りて生活することは難しいでしょう。花子さん夫婦の住んでいる地域の保護基準と比べ、その差額分が生活保護費として支給されます。

　生活保護には8つの扶助があり、足りないもののみ扶助されます。花子さんが妊娠した場合には、出産扶助として基準額は25万円程度（双子の場合は2倍の金額）と、最大8日間の入院費用、ガーゼや包帯等の衛生品の購入費として5,400円を合わせ、合計で40万円程度が支給されます。

　また妊娠が発覚したあとは妊娠加算がつき、子どもが生まれた場合には子ども加算（月額18,916円）がつきます。さらに、出産したあとは母乳によって育てる場合には5か月、人口ミルクによって育てる場合には2か月、産婦加算がつきます。

　障害基礎年金には配偶者加算がなく、障害厚生年金には配偶者加算がつきます。しかし、配偶者自身も年金を受給している場合には、配偶者加算をつけることはできません。花子さんは障害基礎年金のみですので配偶者加算はつきません。また、夫も障害年金を受給しているため、障害厚生年金を受給していた場合も、配偶者加算はつきません。

　花子さん夫婦の場合、障害基礎年金だけでは生活費が足りませんので生活扶助が不足分支給されます。グループホームも退所したため、新しく2人で生活するための住宅扶助も支給されます。さらに花子さん夫婦は医療にかかっているので、自立支援医療（21頁）を用いた自己負担額分が医療扶助で支給されます。そして、花子さんは妊娠中のため、出産にかかる費用として出産扶助が支給されます。残念ながら結婚式を挙げるために葬祭扶助を使うことはできません。

支給されるもの

生活扶助	食費や光熱費などの生活費
住宅扶助	家賃
教育扶助	義務教育に必要な学用品、給食費
医療扶助	医療費
介護扶助	介護費
出産扶助	出産費
生業扶助	高校や専門学校などの学費
葬祭扶助	葬祭費

　介護が必要になる場合や子どもが小学校に入学する場合など、生活状況が変化すると必要な扶助も変わります。そのたびに申請をする必要があるというのが「申請保護の原則」です。

　生活保護になると、医療保険（22頁）に加入できなくなります。その代わりに、医療機関の受診前に市町村役場で医療券を無料で発行してもらい、自治体によって指定された「指定医療機関」を受診することで医療を受けられます。

　花子さんと夫の通院している医療機関が指定医療機関ではない場合、通院先を変更しなければなりません。また、夜間や休日に緊急受診する必要が出たときには、医療券を事前に発行することができません。その場合に、生活保護受給者証を持参することで医療券なしで受診することができ、あとから医療券を発行してもらえます。このように緊急性が高いと認められた場合には、申請保護の原則は例外となります。

　また、生活保護は一度受けたら一生モノではありません。更新制度などはありませんが、医師から働くことを止められているなど就労が困難と判断された場合を除き、生活保護を受給しながら生活保護担当ケース

ワーカーが求職活動もサポートします（103頁）。花子さんの夫も体調が回復し、働けると主治医が判断した場合には、就労支援を受けることができます。花子さんの夫が再びＡ型事業所で仕事をできるようになっても、その給与と障害年金では保護基準額以下となった場合、給与で所得が増えた分の支給は停止されますが、一部支給され続けることもあります。

　生活保護が「世帯単位」の受給であることから、生活保護をもらうことが難しい場合があります。たとえば、母親と成人した子どもが2人で生活をしていた場合、どちらかの収入が保護基準を超えていると生活保護は支給されません。母親が生活保護費をもらっていても、子どもが成人すると子ども加算がもらえず、子どもが働くことが難しい状況が続き、母親の保護費では子どもを養うことができないとなった場合にも受給額は増えません。そうしたときには、母子が異なる住居に生活し、住民票を移す「世帯分離」を行います。そうすることで、働くことが難しい子どもは生活保護を受給することができ、母親も自分の収入で自分の生活を成り立たせることができるようになります。

生活保護制度で押さえておきたいこと

・最後のセーフティネットであり、申請は国民の権利
・保護基準に満たない額を受給できる

次のステップ

・子育てのサポートが必要な場合⇒2-10
・出産にかかる金銭的なサポートを受ける場合⇒3-1
・妊娠についての相談をしたい場合⇒3-2

2-10 出産後の母子への サポート

▼ 項目で扱っている範囲のチャート

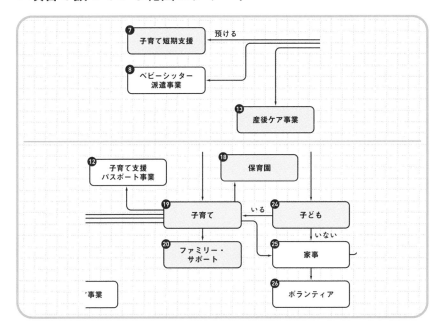

事例

　花子さんは無事元気な子どもを出産しましたが、妊娠期間中、減薬していたことなどから精神状態が悪化し、産後ケア事業を利用することになりました。

　その後、主治医と市町村役場に相談し、保育園をできるだけ早期から活用することにしました。そして、保育園の送迎が難しいときには、ファミリーサポートを活用し、3連休など長期の休みには子育て短期支援も活用することにしました。

▶ 産後ケア事業について

　出産後の母親のケアが必要な場合には「産後ケア事業」を活用しましょう。医療機関や助産所などで、助産師や保健師、看護師などの専門スタッフから、からだとこころ・育児のサポートを受けることができます。概ね0歳〜4か月未満の赤ちゃんがいる母子が対象ですが、自治体によっては1歳未満の赤ちゃんがいる母子までを対象にしていたりし、母親の心理的ケアや保健指導・栄養指導・育児についての具体的な指導などの専門的な指導やケアを行います。

　母親に、出産後の身体的な不調や回復の恐れがあったり、心理的ケアが必要であったり、家族からの十分な支援が受けられなかったり、育児不安が大きかったりした場合に対象となります。花子さんのように、疾患を抱えている場合には、医師が産後ケア事業での対応が可能かどうかを判断する必要があります。

　産後ケア事業では、宿泊型・アウトリーチ型・デイサービス型（個別・集団）があり、利用期間は原則として7日以内となります。アウトリーチ型は、母子の自宅に専門職が訪問します。訪問時間は自治体によって異なりますが、1〜3時間程度とじっくり母子と関われる時間が設けられています。

　デイサービス型は、病院や助産所、保健センター等に母子に来所してもらってケアや指導を行います。宿泊型は、病院や助産所、産後ケアセンターなどに宿泊して行います。宿泊型の場合、入院とは異なるため、育児や自身の身の回りのことは専門職の助言を受けながら母親自身が行う必要があります。

　また、産後ケア事業は託児や保育のサービスを行うものではなく、あくまで、専門的な助言指導、ケアを受けるものとなります。そのため必要に応じて子育て短期支援事業（132頁）や保育園などにつなぎます。

　産後ケア事業は、母親が希望することももちろんできますが、こんにちは赤ちゃん事業（152頁）や出産後の定期受診などで医師や保健師等が利用を勧めることもあります。利用料金はかかりますが（1泊2日で

5,500円ほど）、生活保護世帯の場合には減免措置もあります。

産後ケア事業で押さえておきたいこと

・原則、0 ～ 4か月未満の赤ちゃんがいる母子が対象
・保健師や助産師、看護師などの専門職から育児や母親のケアに関する専門的な指導やケアを受けられる
・訪問型・デイサービス型・宿泊型がある

▶ 保育園への入園の仕組みについて

　保育園は親が仕事をしているときに子どもを預けるところですが、精神疾患によって家庭での保育が困難な状態であるという診断書を主治医が書き、それを市町村役場の保育園課に提出すると、入園が認められる可能性が高くなります。

　まず、国が定めた基準を満たしている保育園を「認可保育園」といい、保育料が安いことや保育要件の証明書類が必要となります。一方、「無認可保育園」の場合は、国の基準を満たしていない代わりに保育要件を問われず、夜間保育や休日保育にも対応していたりと、利用しやすいこともあるでしょう。

　今回は、認可保育園に入園するための仕組みを説明します。認可保育園に入るための選考には、家庭状況をポイント化した「点数」が用いられます。父親と母親それぞれの基準指数を合算し、調整指数が加わったものが「持ち点」となり、点数が高い者から優先的に入園が認められます。まず、基準指数は、就労状況や健康状態、介護が必要な家族の有無などによってポイントが加算されます。次に生活保護世帯であったり、ひとり親世帯などが調整指数になります。その他、保育園と幼稚園の違いなどは153頁を参照してください。

　花子さんの場合、花子さんも夫も「精神疾患により日中の家庭での保育が困難である」とそれぞれの主治医が診断書を書くと、父母の基準指

数が高くなります。また、生活保護世帯のため調整指数が加算されます。それでも待機児童が多い地域や人気の保育園への入園は困難なこともありますが、働いていなくてもポイントが高くなければ入園を認められます。まずは、主治医と市町村役場に相談することが大切です。

　精神疾患の場合、十分な睡眠が治療において重要なことが多いでしょう。日中、子どもを保育園に預けることで、子どもの保育を休むことができ、昼寝などの休息をしっかり取ることができます。そうすることで、病状の回復に努めることができ、結果的に子育てにもよい影響が生まれます。

▶ 子育て短期支援事業の特徴とは？

　親の障害の有無に関係なく、保育園を利用しても、連休や夜間に子どもを預かってほしいということもあるでしょう。そうしたときに利用できるのが「子育て短期支援事業」で、子どもが18歳になるまで利用できます。

　この事業では、夜間や休日など保育園や小学校などが閉まっている時間帯に短時間利用する「夜間養護等（トワイライトステイ）事業」と、必要に応じて数日間利用する「短期入所生活援助（ショートステイ）事業」とがあります。特にショートステイでは、育児不安や育児疲れなどを理由に利用することができ（レスパイトケア）、利用料金は自治体によって異なります。また、世帯収入によっては減免や免除が適応されるので、詳しくは市町村役場の窓口にお問い合わせください。

　すぐに申し込まなくても、申し込み方法や利用方法を確認し、「いざというときにはこういうところがある」と知っておくだけで、負担感が減る方もいます。また、2024年4月から保護者と子どもが一緒に利用したり、子ども自身の希望によって利用できるようになりました。

　ショートステイを引き受けている事業所は、児童養護施設（242頁）や母子生活支援施設（202頁）など様々で、事業所によっては障害のある子どもの利用はできない場合があります。どの事業所のショートステ

イが利用できるかも併せて確認が必要です。入浴や排泄などに介護が必要で、児童福祉法に定める施設では対応が難しい場合には、障害者総合支援法に定める「短期入所（ショートステイ）」（183頁）を利用します。

短期支援事業で押さえておきたいこと

> ・育児不安や育児疲れなどを理由に利用することができる
> ・夜間や休日に短時間から数日利用することができる

▶ 子育て援助活動支援事業の特徴とは？

　小学生までの子どもであれば、親の障害の有無に関係なく全世帯活用できるのが「子育て援助活動支援事業（ファミリー・サポート・センター事業）」です。「保育園の送迎に間に合わないから代わりに迎えに行ってほしい」「買い物をしている間だけ子どもを見ておいてほしい」「兄弟姉妹の参観に行っている間だけ見ておいてほしい」といった場合に利用することができます。

　この事業では、子どもを預かってほしい方と、預かりの援助を希望する方とがそれぞれ登録を行います。子どもを預かってほしい場合にはあらかじめセンターに連絡を入れ、対応してもらえる方を探してもらいます。対応してもらえる方が見つかれば、双方で直接連絡を取り合い、お願いしたい内容や注意事項などを伝えます。利用料金は自治体によって異なります。1時間あたりの単価が決められており、利用時間によって支払額が決まります。

子育て援助活動支援事業で押さえておきたいこと

> ・小学生までの子どもがいる世帯で活用できる
> ・子どもを預かってほしい方と預かり援助を希望する方とのマッチングによって成立する

短期支援事業の詳細や子育て援助活動支援事業（ファミリー・サポート・センター事業）の具体的な活用法は、拙著『サービス本』を参照してください。

　また、ファミリー・サポート・センター事業よりも活用の範囲は狭くなりますが、ベビーシッター派遣事業（138頁）であれば、一定回数は無料で保育園の送迎などをしてもらえます。子どもの年齢やお願いしたい内容に合わせて、両方を組み合わせるとよいでしょう。子育ての方法などに悩んだときは、市町村保健センター（150頁）に相談するのもよいでしょう。

次のステップ

・家事や育児のサポートが必要な場合⇒2-11
・子育てについての相談をしたい場合⇒3-2、4-1
・子どもが病気になったときにサポートが必要な場合⇒3-5
・母子での生活が困窮した場合⇒4-2

2-11 家事・育児のサポート

▼ 項目で扱っている範囲のチャート

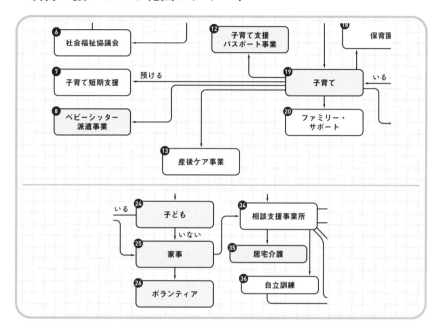

事例

　花子さんと夫の家事については居宅介護でサポートしてもらい、子どものことについては、花子さんの両親のサポートを受けつつ、ベビーシッター派遣事業や子育て支援パスポート事業も活用しました。

　夫は花子さんと子どものためにと、就労移行支援を使い、再就職できるようにチャレンジ中です。

▶ 居宅介護について

　居宅介護（通称：ホームヘルプ）は、障害者総合支援法の訓練給付に定められています。そのため、障害支援区分認定（252頁）を受ける必要があります。障害支援区分１から利用できるため、多くの障害者が活用している制度です。

　ホームヘルパーが自宅に訪問し、入浴や排泄、食事などの身体介護、調理や洗濯、掃除などの家事援助、定期的な通院等の介護、他生活に関する相談や助言を行います。花子さんのように身体介護がほとんど必要ない方の場合は、家事援助がメインとなるでしょう。

　調理は食事作りだけなく、調理に必要な買い出しや配膳、冷凍保存、食器洗いも含まれます。洗濯では、アイロンをかけたり衣類を収納したりすることも含まれ、掃除ではゴミ出しなども含まれます。処方箋を本人が持っていれば代理で調剤薬局に受け取りにいったり、日用品の買い出しも頼むことができます。居宅介護は、一人暮らしか、同居する家族も高齢や障害があり、本人のサポートができないと判断された場合に対象となります。

　居宅介護では、基本的に障害者本人への介護しか行うことができません。花子さんの居宅介護であれば、夫や子どもの衣類の洗濯や料理の準備はできません。しかし、花子さんの夫も障害があるので、夫も障害支援区分認定を受け、居宅介護を受けている場合には、1人のホームヘルパーがまとめて夫婦に対する介護を行うこともあります（時間が2人分になる）。

　育児支援に関しては、2022年7月に厚生労働省が「障害者総合支援法上の居宅介護（家事援助）等の業務に含まれる「育児支援の取扱いについて」を発出し、利用者が子どもの保護者として本来家庭で行うべき養育を代替するものであるとされ、沐浴や授乳、保育園への送迎、利用者（親）へのサービスと一体的に行う子どもの掃除・洗濯・調理などが認められるようになりました。

　しかし、これは①利用者（親）が障害によって家事やつき添いが困難

な場合、②利用者（親）の子どもが1人では対応できない場合、③他の家族等による支援が受けられない場合のすべてに該当する場合に限られるため、祖父母が同居していたり、配偶者が育児ができる状況であったり、子どもが成長して自分でできるようになった場合には除外されます。花子さんは、居宅介護の支援の範疇として育児を助けてもらえそうです。

　また、子どもの通院へのつき添いも認められたので、子どもを医療機関に連れていくことが困難な場合や、医師の説明を理解できるかの不安が高い場合などは、居宅介護を使ってサポートしてもらうとよいでしょう。

　利用料は、時間と介護の内容によって異なりますが、45分〜1時間未満の家事援助であれば、利用者負担は205円、1時間15分以上1時間30分未満であれば287円になります。重度障害者が使う重度訪問介護の場合には、1回3時間以上の支援が基本ですが、居宅介護の場合には1回1〜1.5時間が通常となります。また、所得に応じて利用者負担額には上限があり、利用したサービス料にかかわらず、負担額以上支払う必要はありません。花子さんは生活保護受給世帯のため、負担上限額が0円となるため支払いは生じません。

　また、居宅介護の間、利用者は原則自宅にいる必要があります。そのため、仕事をしている場合には、仕事終わりの夕方以降の時間や土日の利用になるため、その時間に入れるホームヘルパーを探す必要があります。すぐに見つからない場合には見つかるまで待機となります。

居宅介護で押さえておきたいこと

- 障害支援区分1から利用できる
- 身体介護、家事援助、通院等の介護、生活に関する相談が受けられる
- 育児支援も該当する場合には認められる

▶ 居宅介護では対応しきれない場合

　ごみ屋敷や大掃除のように居宅介護では対応しきれない家事負担がある場合には、ボランティアの力を借りることもあります。その場合には、市区町村社会福祉協議会（83頁）に手立てについて相談しましょう。ボランティアでも対応が難しい場合には、清掃業者など然るべき機関を紹介してもらうことができます。

▶ 親の障害の有無に関係なく利用できる

　障害の有無にかかわらず、すべての子育てをしている世帯に使える資源として、「子育て支援パスポート支援」と「ベビーシッター派遣事業」があります。

　「子育て支援パスポート支援」は、子育て世帯が、協賛店や施設などで、割引などの特典を受けられる会員制度で、2017年4月から全国共通展開されています。都道府県によって支援の名称は異なります。

　18歳未満の子どもを育てている世帯であれば誰でも無料で登録でき、往復はがきやインターネット、県庁等で申し込みを行います。登録を行うと、カード型のパスポートを受け取ることができます。そのパスポートを協賛店のステッカーが貼ってあるお店で提示すると、各店独自のサービスを受けられます。

　どの都道府県で発行されたパスポートでも全国で使うことができます。サービスの提供例としては、授乳やオムツ交換場所の提供、ミルクのお湯の提供、キッズスペースの利用、ポイント付加サービス、料金の割引などです。協賛店はインターネットで調べることもできるので、チェックしておくと、安心して子どもを連れた外出ができるでしょう。

　「ベビーシッター派遣事業」は、子ども・子育て支援法に規定する仕事・子育て両立支援事業として、多様な働き方をしている労働者がベビーシッター派遣サービスを利用した場合に、その利用料金の一部または全

部を助成することにより、仕事と子育てとの両立に資する子ども・子育て支援の提供体制の充実を図ることを目的としてできたものです。

「企業型ベビーシッター割引券」は、父親母親いずれの保護者も仕事で子どもの面倒を見られないときに利用できます（ひとり親の場合は保護者1人）。そのため、親が休日（産休・育休も含む）の場合には使えません。親が自宅でテレワーク勤務をしているときに子どもの面倒を見てもらうことはできます。また、子どもの学校や園が行事の振り替えなどで平日が休みになり、親は出勤しなければならない場合にも利用できます。

　しかし、義務教育就学前の子どもを養育する労働者が、産前産後の休業時や育児休業、介護休業等の期間で職場への復帰のためにベビーシッター派遣サービスを利用する場合には、年度内4枚まで割引券を使用できます。対象になるのは小学3年生までの子どもで、「自宅での保育」と「保育施設への送迎」のみとなります。

「企業型ベビーシッター割引券」は、1枚2,200円分の割引券で、子ども1人につき1日2枚（4,400円）まで利用できます。また、1家庭で利用できるのは月24枚（52,800円分）、年280枚までです。ベビーシッターにかかる費用は企業や内容によって様々ですが1時間1,500〜3,000円くらいが多いようです。

　利用する場合、まず「全国保育サービス協会」のHPを見て、協会が指定する事業者と事前に利用契約を締結します。そしてベビーシッターサービスを利用予定の1週間前までに必要書類を担当部署に提出します。担当部署は自治体によって異なるため、市町村役場か男女参画センター（201頁）に問い合わせてください。

　また、花子さんの子どもが小学校に入学したあとは、放課後児童クラブ（179頁）を利用することができます。放課後児童クラブは、保護者が仕事で昼間家庭にいない子どもだけでなく、疾病・介護等により昼間家庭での養育ができない子どもも対象となります。

　さらに、花子さんの子どもに障害がある場合には、3・4章のサービス

を利用することもできます。

次のステップ

・子どもと出かける場所がほしい場合⇒3-1
・子どもの発達について相談したい場合⇒3-2
・離婚について相談したい場合⇒4-3、4-4

第 3 章

子ども編

知的障害をともなう
自閉スペクトラム症の
中学生・佐藤さんの
今までと今後

▼ 項目で扱っている範囲のチャート

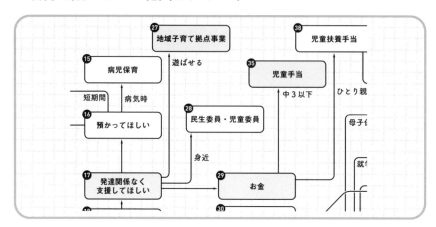

【事例】

　佐藤正君は、XXXX年6月に佐藤家の第一子として生まれました。両親と3人暮らしです。佐藤さんは、出生届と同時に児童手当の申請をし、出産育児一時金の申請もしました。

　佐藤家は父親も母親も正社員で仕事をしており、2人とも育児休業を取っています。生後1年が過ぎても保育園が決まらず、育休は延長されることになりました。佐藤さんは、地域子育て拠点事業を活用し、子どもを遊ばせたり、育児でわからないことについて相談をしています。

▶ 出産によってもらえる様々なお金

　職域保険や国民健康保険（27頁）の被保険者が出産したときは、「出

産育児一時金」が支給されます。支給額は、2023年4月より50万円に引き上げられ、妊娠12週以上であれば、死産の場合でも支給されます。

　申請方法は、「直接支払制度」「受取代理制度」「直接申請」の3つです。「直接支払制度」は、入院時に医療機関に申請します。すると、直接出産した病院に支給がされるため、高額な出産費用を窓口で支払う必要はありません。出産費用が支給額より安かった場合には差額分が返ってきます。

「受取代理制度」は、直接支払制度を利用していない産院などで出産するときに利用する制度で、直接支払制度と同様、病院に支給されるため、出産費用を窓口で払わずに済みます。異なるのは申請先が健康保険組合である点と、出産予定日の2か月前から申請が可能という点です。

「直接申請」は、出産費用を自ら支払い、退院後に健康保険組合へ申請すると、個人の口座に全額入金されるというものです。

　佐藤さんのように、仕事をしている方が出産のために仕事を休んだ場合には、「出産手当金」の支給を受けられます。これは、出産の日以前42日から出産の翌日以後56日目までの範囲内で会社を休んだ期間が対象となり、月給の約3分の2に相当する額が支給されます。

　働いていない方やフリーランスの方のように国民健康保険の場合は、出産育児一時金のみとなります。生活保護世帯の場合は医療保険に加入できないため、妊娠出産に関わる費用については126頁を参照してください。

「児童手当」は、中学校卒業まで（15歳の誕生日後の最初の3月31日まで）の子どもを養育している方が対象です。子ども1人あたり、3歳未満は月額15,000円、3歳以上小学校修了前は月額10,000円（第3子以降は15,000円）、中学生は月額10,000円の支給となります（所得制限あり）。

　両親が別居している場合には、同居している親に優先的に支給され、両親が海外に住んでいる場合には、両親が日本国内で児童を養育している方を指定すれば、その方に支給されます。施設入所している場合や里

親に委託されている場合には、施設設置者や里親（245頁）に支給されます。

　子どもが生まれたり、他の市町村から転入したときには、現住所の市町村役場に「認定請求書」を提出します。里帰り出産などをしていても、申請先は現住所先です。公務員の場合は勤務先へ提出します。子どもを出生したり、転出した翌日から15日以内の申請が必要で、かつ、申請した月の翌月分からの支給となり、申請が遅れた場合には遅れた分は受け取れなくなります。日本国内に住むすべての子どもが対象となりますので、佐藤さんのように出生届と一緒に申請するとよいでしょう。

児童手当で押さえておきたいこと

・生まれてから中学校卒業までの子どもを養育している方が対象
・月額10,000円〜 15,000円が支給される
・健康保険や国民健康保険の被保険者等が出産したときは、出産育児一時金が支給される。その支給額は、令和5年4月より、42万円から50万円に引き上げられた

▶ 地域子育て支援拠点事業の特徴とは？

　核家族化が進み、地域のつながりも希薄化するなかで、子育てに関する不安感や負担感を抱く保護者も少なくありません。そこで、子育て中の親子が気軽に集い、相互交流や子育ての不安・悩みを相談できる場としてできたのが、子ども・子育て支援法に基づく「子ども・子育て支援新制度」であり、そのなかに「地域子育て支援拠点」が組み込まれました。

　地域子育て支援拠点には、「一般型の拠点」と「連携型の拠点」があります。設置の85％以上を占める一般型の拠点は、概ね3歳未満の子どもとその保護者を対象とした常設の施設です。保育園や認定こども園、公共施設や公民館などで、週3日以上、1日5時間以上開催されており、

子育ての知識と経験を有する専任者（いわゆる先輩お母さん）を2名以上配置しています。授乳コーナーやベビーベッド、遊具など乳幼児を連れて行きやすい工夫がなされています。

　連携型の拠点は児童館であることが多く、週3日以上、1日3時間以上の開催となっています。児童福祉施設の職員がバックアップしているため、児童福祉施設の協力が必要な場合に連携しやすくなっています。

　どちらも無料で利用でき、乳幼児の子育てに役立つプログラムや講座を開催していることが多く、最近では、父親向けの講座も開かれています。子ども・子育て支援新制度の全容は、拙著『サービス本』を参照してください。

地域子育て支援拠点事業で押さえておきたいこと

・子育て中の親子が、相互交流や子育ての不安・悩みを相談できる
・「一般型」（保育園や認定こども園、公共施設など）と「連携型」（主に児童館）がある
・子どもを遊ばせたり先輩お母さんに相談できたりする

▶ 児童館の特徴とは？

　地域子育て支援拠点事業は「3歳未満の子ども」を連れて行ける場所ですが、「児童館」は児童福祉法に定められており、「18歳未満の子ども」が自由に利用できる施設です。児童館には遊具や図書が置いてあり、自由に使うことができます。希望すれば図書を貸し出すサービスをしているところもあります。施設ごとに様々なプログラムを実施しており、スポーツや勉強を教えてもらうこともできます。

　就学後は子どもだけで利用できますが、「一度家に帰ってから来館する」というルールを定めているところが一般的です。利用に関して事前登録や料金は不要で、プログラムに参加する際の材料費などが必要なことがあります。子どもの年齢によって利用時間が早めに設定されている

場所もありますが、18時や19時まで開いているところもあり、児童厚生員も配置されているため、保護者の帰宅が遅い場合、安全に過ごす場として活用できます。自治体によっては、児童館に放課後児童クラブ（179頁）を設置しているところもあります。

▶ 育休・産休の特徴とは？

　働いている母親が妊娠した場合、「産前産後休業（産休）」を取ることが労働基準法で定められています。産前は出産予定日を含む6週間（双子以上は14週間）以内で、産後は8週間以内、休業を取得できます。

　そして、育児・介護休業法における「育児休業（育休）」は、子どもを出産後、子どもが満1歳の誕生日を迎える前日まで取得が認められている休業です。子どもが保育所に入所できない等の場合には最長満2歳まで取得できます。これは母親だけでなく父親も取得でき、父親と母親の両方が育休を取得する場合には、1歳2か月まで取得期間を延長できます（パパ・ママ育休プラス制度）。

　また、育児・介護休業法の改正により、2022年10月より、「出生時育児休業（産後パパ育休）」が施行されました。これは子どもの出生後8週間以内に、従来の育児休業とは別に、最大4週間まで（分割して2回取得可能）休業できる制度です。女性はこの期間に産休を取得しますので、必然的に男性が利用する制度となります。入社して1年以上働いていることや週2日以上勤務していること、2か月以内の退職が決まっていないことなどが取得条件となります。

　これらの制度はややこしいですが、フル活用すれば、共働き家庭の女性も仕事復帰がしやすくなります。また、育児休業等の申し出・取得を理由に、事業主が解雇や退職強要、正社員からパートへの契約変更等の不利益な取り扱いを行うことは禁止されています。さらに2023年4月から従業員数1,000人超の企業は、男性の「育児休業等の取得率」または「育児休業等と育児目的休暇の取得率」を年1回公表することが義務づけられました。

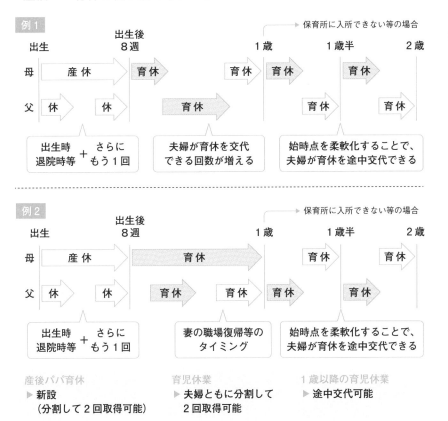

産後パパ育休の使い方のイメージ

産後パパ育休
▶ 新設
（分割して2回取得可能）

育児休業
▶ 夫婦ともに分割して
2回取得可能

1歳以降の育児休業
▶ 途中交代可能

※引用：厚生労働省HP「育児・介護休業法 改正ポイントのご案内」より作成
https://www.mhlw.go.jp/content/11911000/000977789.pdf

　しかし、産休や育休はあくまで「休んでいい」という制度であり、働いていない分の給与を補償してくれる制度ではありません。

　そこで、育休を利用する際には、別途「育児休業給付金」を申請する必要があります。これを申請することで、育児休業給付金および出生時育児休業給付金の支給日数の合計が180日までは休業開始時賃金月額の67％相当額、それ以降は50％相当額が支給されます。

2022年10月以降は、産後パパ育休の場合にも出生時育児休業給付金として休業開始時賃金月額の67%相当額が支給されています。育児休業給付は非課税であり、かつ社会保険料免除があることから、休業前の手取り賃金と比較した場合、概ね8割程度が支給されることになります。

次のステップ

・出産後の母親のケアが必要な場合⇒2-10
・保護者に障害があって子育てのサポートが必要な場合⇒2-11
・子どもの発達について相談したい場合⇒3-2
・子育て全般について相談したい場合⇒4-1

3-2 子どもの発達が気になる場合

▼ 項目で扱っている範囲のチャート

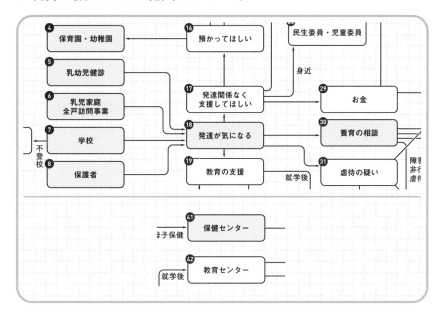

事例

　正君は1歳を過ぎても発語が見られず、母親は周囲の子と比べて発達がゆっくりだと感じていました。1歳半健診のときに保健師にそのことを伝えたところ、「要経過観察」と言われ、2～3か月に1回、保健センターの地区担当の保健師からの電話で子どもの様子を伝えていました。無事に保育園も見つかり、正君が1歳10か月になった4月から母親は職場復帰をしました。

▶ 子どもの発達についての指摘

　子どもの発達について保護者が気にかけるのはもちろんですが、第一子の場合や家庭のなかでは問題がない場合など、保護者以外の方が「発達が気になる」と先に気づく場合があります。発達は個人差が大きいため、育児書通りに発達していなければすぐに問題があるわけではありません。

　専門医にみてもらっても、子どもの年齢や状態によっては「経過観察」と言われることもあります。しかし、気になることがあれば、専門的な視点を入れつつ、子どもにとって利益となる関わりができるに越したことはないでしょう。1人ひとりの子どもの特性を知り、それぞれに合った関わりを行うことは、どのような子どもにとっても大切なことです。

　また、発達障害は子どもの特性と環境の相互作用によって様子が異なるため、幼児期・児童期・思春期・成人期それぞれで発見されることもあります。成人期での診断は第1章を参照してください。

　発達障害の特性についての詳細は拙著『相談援助本』を、子どもの様々な障害特性については河村暁先生の『「特別支援教育」の基本とコツがわかる本』（ソシム）を参照してください。診断をつけることや障害者手帳の取得を目的とするのではなく、子どもにとって必要なことが何かを考える支援を目指しましょう。

▶ 市町村保健センターの特徴とは？

　地域保健法には、住民が身近で利用頻度の高い保健サービスを利用できるように「市町村保健センター」が設置されています。センターは市町村ごとにあり、主に保健師や管理栄養士が在籍しており、センターによっては歯科衛生士や理学療法士、医師や心理職なども配置されています。

　センターでは、母子保健事業（母子健康手帳の交付や健康相談、健康診査など）や健康増進事業（健康相談や健康手帳の交付など）、精神保

健事業（個別相談や訪問指導、デイケアの実施など）、災害有事、予防接種を行います。

妊娠がわかった際に母子健康手帳を受け取ったり、妊娠中はパパ・ママ教室などで出産・育児の準備や子育てについて教わり、出産後も予防接種や健診などで訪問する機会が多く、多くの保護者にとっては身近な場所となります。地区担当を決めているところもあり、同じ保健師が対応してくれるため、お互いの顔と名前を覚え、安心して相談することができます。

なお、市によっては市町村保健センターと保健所（82頁）を合体させ、「保健センター」「保健福祉センター」として実施しているところもあります。また、保健センターの母子保健に関する相談機能をもつ「子育て世代包括支援センター（母子健康包括支援センター）」もあります。

さらに、2022年の児童福祉法の改正では、子育て世代包括支援センターと「子ども家庭総合支援拠点（家庭児童相談室）」（192頁）の機能が合わさった「こども家庭センター」を市町村が設置し、支援を要する子どもや妊産婦等への支援計画（サポートプラン）を本人とともに作成しなければならなくなります。

また都道府県によっては、「児童相談所（194頁）」を子ども家庭センターとしているところがあったり、家庭児童相談室を子ども家庭支援センターとしているところがあるため、転居などで地域が変わる場合には注意が必要です。

市町村保健センターで押さえておきたいこと

- 主に保健師や管理栄養士が在籍している
- 母子保健事業、健康増進事業、精神保健事業、災害有事、予防接種を行う
- 母子保健に関する相談機能をもつ「子育て世代包括支援センター」もある

「乳児家庭全戸訪問事業（こんにちは赤ちゃん事業）」では、生後4か月までの乳児がいるすべての家庭に市町村保健センターの保健師が訪問し、子育てに対する不安や悩みを聞き、子育て支援に関する情報提供を行います。訪問の際には体重計や身長計などを携帯していることも多く、子どもの発達について確認することもできます。

また、この事業のなかで養育に心配があると思われた家庭に対しては、養育支援訪問が実施されます。養育支援事業の「専門的相談支援」は、保健師、助産師、看護師、保育士、児童指導員等が家庭訪問で実施し、「育児・家事援助」は、子育てOB（経験者）、ヘルパー等が家庭訪問をして実施します。短期的に（見守りが必要と判断された場合には中期的に）適切な養育が行われるよう専門的支援が無料で行われます。乳幼児健診から養育支援事業につながることもあります。

▶ 乳幼児健診の特徴とは？

さて、この市町村保健センターでは、子どもの発達の遅れや特性などに気づく重要な取り組みとして「乳幼児健診」を実施しています。乳幼児健診は、母子保健法に基づいて無料で実施されています。

1か月児健康健診は、出産した産院で母親の状態を診る産後健診と併せて実施します。市によっては、3～4か月児健康診査や6～7か月児健康診査なども行っていますが、法的義務とされているのは「1歳6か月児健康診査（健診）」と「3歳児健康診査（健診）」です。この2回の健診では、身体測定だけでなく、内科診察や歯科診察、運動発達や精神発達など幅広く発達をチェックします。

市町村保健センターでの集団健診が苦手な方や、実施日に体調不良になった方などは、市町村から事前に配布された受診票をもって、かかりつけの小児科医で個別健診を受けることも可能です。

健診結果によっては、要治療（治療が必要）や要精密（詳しい検査が必要）など、健診後に医療機関などを受診する必要があることもあります。また、保護者が育児で困っている場合などは、健診時に必要な専門

職が個別相談で助言指導することもできます。さらに、一定期間経過観察を行う「要経過観察」や「要フォロー」もあります。この場合には、定期的に電話や訪問などで保健師等が様子を聞き取り、成長を確認します。

▶ 保育園等の特徴とは？

　子どもを預ける場所として、幼稚園・保育園・認定こども園があります。幼稚園は文部科学省が管轄しており、幼稚園の先生は教諭免許となる教育施設のため、「教育」の要素が強くなります。入園対象は、3歳から就学前までの子どもで、預かり時間は4時間が標準です。

　一方、保育園は厚生労働省が管轄しており、児童福祉法に基づく国家資格である保育士が子どもを預かる児童福祉施設のため、「福祉」の要素が強くなります。入園対象は「保育に欠ける事情」がある1歳未満から小学校入学前の子どもで、預かり時間は8時間が標準となり、延長保育も利用することが可能です。

　幼稚園では給食は任意ですが、保育園は義務となります。このため、共働き家庭や保護者が病気等で子どもの保育が難しい場合には保育園を選択することが多いでしょう。認可保育園と無認可保育園の違いや入園のしくみについては131頁を参照してください。

　子どもが3～5歳で保育を必要とする事由に該当しない場合には「1号認定」、該当する場合には「2号認定」、子どもが0～2歳で保育を必要とする事由に該当する場合には「3号認定」、該当しない場合には「認定なし」となり、2号認定と3号認定の子どもが保育園を利用できます。幼稚園には認定の制限がありません。

　認定こども園は、内閣府が管轄しており、幼稚園と保育園の両方のよさを併せもっています。保育者の資格も保育士や幼稚園教諭などが在籍し、1号認定の子どもは4時間、2号認定と3号認定の子どもは8時間または11時間利用できます。保育料や申し込み方法は自治体や所得、幼稚園によって異なるため、市町村役場や各幼稚園に問い合わせが必要です。

4月入園の場合、申込時期が前年度の10 ～ 12月頃になるため、申し込み時期の確認と準備を早めに行う必要があります。

子どもを預ける場所で押さえておきたいこと

・幼稚園は教育施設で3歳から入園できる
・保育園は児童福祉施設で1歳未満から入園できる
・認定こども園は幼稚園と保育園の両方を併せもっている

▶ 園庭開放の特徴とは？

　認定こども園や幼稚園、保育園などで、地域の子育てを支援するために園庭など施設の一部を未就園児と保護者に無料で開放する日が設けられています。親子が出かけられる場所として利用するのはもちろん、就園の検討のため園の様子を見ることができたり、子どもが園に慣れたりするために利用することもできます。はじめての場所に不安が高い子どもの場合、就園を希望する園の園庭開放を定期的に利用することで不安を下げることができます。

次のステップ

・子どもについて診断を受けたい場合⇒3-3
・診断を受けずに子どものサポートを受けたい場合⇒3-4、3-8
・子育て全般についての相談をしたい場合⇒4-1
・DV についての相談をしたい場合⇒4-2

3-3 子どもの診断と障害児への金銭的サポート

▼ 項目で扱っている範囲のチャート

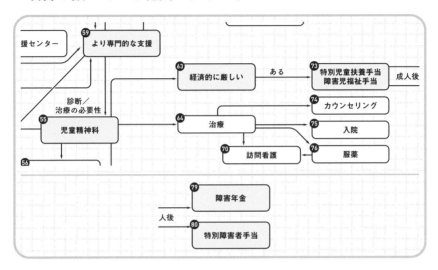

事例

　正君を保育園に預けてから、保育士より他児への関心が低く、集団行動が難しい様子などが報告されました。家でもブロックを積まずに並べて遊んだり、気に入った DVD を何度も再生したりし、それを邪魔されるとかんしゃくを起こすようになりました。3歳児健診でも発達の遅れを指摘され、後日、市役所の子育て支援課が行っている新版K式発達検査を実施したところ、知的な遅れと自閉スペクトラム症の可能性があるとの指摘があり、地域の児童精神科を紹介されました。同時に、市役所がやっている親子教室を紹介されましたが、そこは平日の日中に行かなくてはいけないため、共働きの佐藤家では通うことは難しいと断りました。

児童精神科を受診し、市役所からの紹介状を見せ、これまでの正君の成長過程や現在の様子などをじっくり聞いてもらいました。医師からは、中等度知的障害と自閉スペクトラム症（ASD）の診断になることが伝えられました。診断後、市役所に診断を受けたことを報告したところ、特別児童手当の申請について説明を受けました。

▶ 健診後の様々な対応

　子どもの発達が気になると、乳幼児健診の際に健診スタッフが声をかけたり、保護者が希望して個別相談につながります。その結果、要フォローとなった保護者に対し、保健師等が児童精神科などの専門機関を紹介することもあれば、市町村役場や市町村保健センター（150頁）内での発達検査実施を紹介するところもあります。

　また、児童相談所（194頁）につないだり、健診中に発達検査を行ったりするところもあり、自治体や親子の様子によっても紹介先が異なります。自治体によっては、「親子教室」や「幼児教室」「遊びの教室」など、保育士や保健師が主導して、子どもの発育を促す教室を開催しており、その案内をすることもあります。

▶ 児童精神科の特徴とは？

　子どもが不調になった際、小児科を受診することが一般的でしょう。しかし、小児科でメンタル不調や発達障害を専門とする医師はあまり多くなく、心理職が在籍しているところも少ないでしょう。

　子どもと大人では出現しやすいメンタル不調が異なり、処方できる薬や量が異なるため、15歳未満の子どもの受診を断る精神科もあります。そのため、メンタル不調や発達障害の疑いがある15歳未満の子どもを診てくれるのが「児童精神科」です。

　しかし、児童精神科の数は全国的に少なく、どこも受診予約が取りにくいといわれています。児童精神科を標榜していなくても、児童を診て

くれる精神科もありますので、事前に電話などで確認してから受診することを促しましょう。2024年度の報酬改定から、20歳未満の児童思春期の患者の支援に対する加算がつくようになり、今後は待機が減少することが期待されています。

　また、都道府県や政令指定都市によっては、児童相談所と療育センターが複合した「児童福祉センター」が設置されています。児童福祉センターには児童精神科医が在籍し、診断等を実施します。また、地域に医療型児童発達支援センター（161頁）がある場合には、そこに在籍する医師に紹介し、診断等を実施することもあります。

　発達検査や知能検査、心理検査についての詳細は、拙著『相談援助のコツがわかる本』や『メンタル不調本』を参照してください。

▶ 特別児童扶養手当・障害児福祉手当について

　精神または身体に障害をもつ子どもについての手当てが「特別児童扶養手当」です。20歳未満で精神または身体に障害をもつ子どもを家庭で監護・養育している父母等に支給されます。障害の程度によって1級（月額53,700円）、2級（35,760円）が認定されます。

　そして精神（知的を含む）または身体に重度の障害をもつため、日常生活で常時の介護を必要とする状態にある在宅の20歳未満の重度障害児についての手当てが「障害児福祉手当」です。等級はなく、支給対象者は月額15,220円支給されます。重度障害児は、特別児童扶養手当と併給することができます。

　これらの認定には医師の診断が必要となります。医師の診断後、市町村役場で申請します。また、児童手当（143頁）と異なり、子どもが児童福祉施設に入所しているときには支給されず、養育者の所得制限もあります。花子さんのように親が障害年金を取得している場合には（67頁）、障害年金の子ども加算か、特別児童扶養手当や障害児福祉手当の金額のどちらか高いほうのみを受給することになります。さらに親が老齢年金や遺族年金、労災年金などを受給している場合には、一部または

全額支給されません。

・20歳未満で精神または身体に障害がある子どもの養育者に支給
・1級（月額53,700円）と2級（35,760円）がある

　障害児福祉手当を受けていた方が20歳を超えたときには、「特別障害者手当」が月額27,980円支給されます。ただし、本人の所得や配偶者、生計を維持する者の所得が一定額以上のときには支給されません。20歳未満で障害の診断がある場合、20歳になると同時に障害年金（67頁）を申請することができ、障害年金との併給が可能です。

▶ 子ども名義の口座と遺産相続について

　正君はまだ小さいですが、障害をもつ子どもを育てる保護者は、子どもの将来を心配する方が多いでしょう。そのため、子ども名義の口座を作り、子どもの将来のためにお金を貯める方もいます。しかし、子ども名義でも、預金しているお金を親が出しているとなれば、子どもに贈与税が発生する可能性があります。年間110万円以下の贈与であれば贈与税は課税されないため、子ども名義で預金する場合には、年間110万円以下にする必要があります。

　また、年間110万円以下の預金をしていても、子どもが「自分は贈与を受けている」と認識していないと親の財産と判断され、親亡き後、相続財産の分割対象となります。子どもの障害の程度にもよりますが、子どもが理解できるのであれば、子ども名義での口座についてきちんと説明をしておきましょう。

　さらに、子どもが18歳未満の間は親に親権（223頁）があるため、口座からお金の出し入れを自由にすることができますが、子どもが18歳を超えてしまうと、親が窓口でお金を引き出したり定期預金を解約するこ

とができなくなります。定期預金は組まず、キャッシュカードで出し入れがしやすい銀行にしましょう。

　そして、遺産相続をする場合、相談者間で遺産分割協議をしなければなりませんが、これを行うためには「判断能力」が必要となります。障害のある子どもに判断能力がないとみなされれば、成年後見制度（121頁）を利用しなければなりません。

　成年後見人には、家族が選任される場合と、弁護士や司法書士、社会福祉士などの専門職が選任される場合があります。申し立てを行った人は成年後見人になることはできません。家族が成年後見人に選任される確率は約2割とされています。子どもの預貯金等が1,000万円を超えていると、専門職後見人が選任される可能性が高くなります。そうならないためには、親が遺言書を残し、どのように遺産分割するかを決めておく必要があります。

次のステップ

・子育てについて相談したい場合⇒3-2、4-1
・療育や園、学校でのサポートを受けたい場合⇒3-4、3-8
・子どもへの関わり方を学びたい場合⇒3-6
・小学1年生以上の子どものことを相談したい場合⇒4-7

専門的支援や園での サポート

▼ 項目で扱っている範囲のチャート

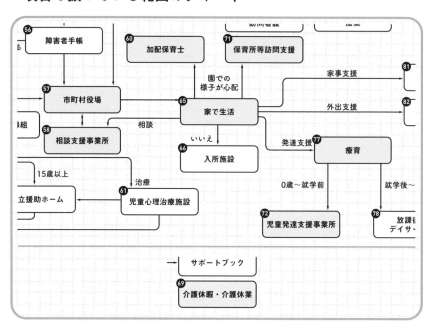

（チャート内テキスト）

- 56 障害者手帳
- 60 加配保育士
- 71 保育所等訪問支援
- 57 市町村役場
- 園での様子が心配
- 家事支援 81
- 65 家で生活
- 外出支援 82
- 58 相談支援事業所
- 相談
- いいえ
- 発達支援 77 療育
- 66 入所施設
- 15歳以上
- 治療
- 立援助ホーム
- 61 児童心理治療施設
- 0歳〜就学前
- 就学後〜
- 72 児童発達支援事業所
- 78 放課後デイサー
- サポートブック
- 69 介護休暇・介護休業

事例

　今後、正君の養育をどのようにしたらいいかについても市役所で相談し、児童発達支援事業所への通所ができると教えてもらいました。児童発達支援事業所は送迎つきのところもあるとのことでしたが、見学や体験に行く日が取りにくいと伝えたところ、勤務先によっては介護休暇を活用できるのではとのことでした。

　また担当職員は、保育所等訪問支援の利用を勧め、保育所での様子によっては、加

配保育士の申請もできると説明をしました。母親は早速会社に介護休暇について確認し、児童発達支援事業所の見学について調整を始めました。

▶ 児童発達支援事業所の特徴とは？

障害をもつ子どもへの治療と教育を合わせたアプローチを「療育」といいます。「発達支援」も同義ととらえてよいでしょう。障害特性に合わせた関わりを行うことで、できることを増やしたり、子どもの力を引き出したりします。

児童福祉法に規定されている障害児療育が受けられる機関には、「障害児通所支援」と「障害児入所支援（190頁）」の大きく2つがあります。「障害児通所支援」は、療育を行う機関や子どもが通う園や学校に訪問したりする施設で、児童相談所（194頁）や医師が必要だと認めた児童が通うことができます。

子どもが就学前の場合の障害児通所支援には、「児童発達支援事業所」があり、障害児に対する療育などの発達支援とご家族への相談を実施しています。そこに保育園や幼稚園などへの訪問や保護者の相談支援などの「地域支援」が加わったものを「児童発達支援センター」といいます。児童発達支援センターに医療機能が加わったものを、「医療型児童発達支援センター」といいます。

療育には、親子が一緒に行うものと親子が分離して行うものとがあります。また、5人前後の子どもを集めて行う「集団療育」と、支援者と1対1で行う「個別療育」があり、集団療育をやっているなかで、1人ずつ取り出して個別療育を行うところもあります。

通所時間は、個別療育のみの場合は1回50分程度のところもあり、集団療育の場合には半日〜1日実施するところもあります。午前中に幼稚園に行って、午後から児童発達支援事業所に通う子や、午後は保育園をお休みして通う子もいます。幼稚園や保育園には入園していない子どもが毎日複数の事業所に通うこともできます。

利用日数の上限は自治体によって異なりますが、法的には23日が上限となっているため、平日は毎日通えることが多いでしょう。事業所によって、作業療法や理学療法、音楽療法、ソーシャルスキルトレーニング（SST）を取り入れるなど、様々です。まずは見学に行き、子どもに合ったところを見つけることが大切です。

「障害児通所支援」は、幼稚園や保育園と事業所、自宅と事業所を車で送迎してくれる場所もあります。佐藤さんのように共働き家庭では、送迎があるところが望ましいでしょう。利用料金は世帯収入によって上限が定められており、生活保護世帯や非課税世帯は0円で利用でき、年間の世帯年収が890万円未満の場合は月4,600円で利用できます。

児童発達支援事業所で押さえておきたいこと

- ・就学前の障害をもった子供が利用できる
- ・児童発達支援事業に地域支援が加わった事業所が「児童発達支援センター」
- ・児童発達支援センターに医療機能が加わったものが「医療型児童発達支援センター」

▶ 指定障害児相談支援事業所について

　障害児通所支援を利用する場合、障害者総合支援法の訓練給付の手順と同じになります（107頁）。受給者証の申請後、サービス等利用計画を作成しなければなりませんが、相談支援事業所にお願いする場合と親子で作成するセルフプランがあります。

　18歳以上は、特定相談支援事業所の計画相談（66頁）に作成を依頼しますが、18歳未満の場合は指定障害児相談支援事業所に依頼します。指定障害児相談支援事業所は、特定相談支援事業所と同じところが担っていることもありますが確認が必要です。18歳以降も継続して同じ相談支援事業所を利用したいと考える場合には、指定障害児相談支援事業所と

特定相談支援事業所の両方を担っているところを見つけるとよいでしょう。

▶ 保育所等訪問支援について

「保育所等訪問支援」では、障害児が通う保育園や幼稚園、小学校などに障害児が通う施設を訪問し、保育者や教員に対して必要や支援について相談したり、環境調整を行ったりします。佐藤さんの場合、正君が通う児童発達支援事業所が決まり、同法人が「保育所等訪問支援事業」も行っていれば活用することができます。保育士や幼稚園教諭、小学校教諭等は、障害について知っている方が多いですが、専門的に学んでいる方は一部です。そのため、園や学校で子どもがうまく適応できていない場合には、何をどう改善したり工夫したりするのがいいかを、障害児の専門である障害児通所支援事業所の職員が訪問して相談にのります。

　園や学校のような大人数での集団の場で対象児童がどのような行動をとっているのかを直接観察したあと、担任や管理職と相談の時間を設けることが多いでしょう。また、学校で生じている課題を通所支援事業所の職員が直接観察することで、どのような療育を行えばいいかが明確になります。環境調整については、いるかどり先生の『子どもの発達障害と環境調整のコツがわかる本』（ソシム）を参照してください。

▶ 加配保育士について

　正君のように、障害をもつ子どもは保育園といった集団のなかで、保育士の一斉指示に従ったり、集団で行動することが難しいことがあります。なかには保育園から飛び出そうとしたり、遊び時間以外に遊具に登っていたりと、事故やケガのリスクがある子どももいます。そうしたときに市町村役場と保育所に相談し、「加配保育士」を申請してみるとよいでしょう。加配保育士は障害児に個別に対応しれくれます。どの程度の障害児に対して配置するかの基準は自治体によって異なります。

障害児通所支援事業の全容や加配保育士の活用の詳細は、拙著『サービス本』を参照してください。

▶ 介護休暇の特徴とは？

　育児・介護休業法に定められている「介護休暇」は、対象家族を介護する労働者が取得でき、6か月以上雇用され、週3日以上勤務している方が対象です。対象家族は、配偶者、父母、配偶者の父母、祖父母、兄弟姉妹、子、孫です。対象家族1人につき、年間5日まで取得することができます。基本的には1日単位での取得になりますが、時間単位や半日単位での取得が認められている会社もありますので、会社との相談が必要です。勤務先に申し出ることで利用できます。

　介護休暇自体は無給の制度のため、介護休暇で休んだ場合には、「介護休業手当金」を申請します。月給の約67％が申請より2か月経ってから支給されます（給付上限日額：15,513円）。ただし、時間単位や半日単位で取得した場合には支給されません。そのため、有給休暇との兼ね合いを見て利用を検討する必要があります。

　山田さんのように、家族にサポートが必要となった場合、制度やサービスの手続きを完了するまでの間、何度も市町村役場や事業所に行く必要があり、そうしたときに介護休暇を活用するとよいでしょう。

　山田さんのように夫婦で会社員の場合には、夫婦それぞれが5日間ずつ介護休暇を取ることができるため、有効に使えば、焦らずに制度やサービスの手続きを行うことができます。介護休暇だけではサポートが足りない場合には、介護休業（187頁）を利用することもできます。

次のステップ

・子どもが病気になったときにサポートが必要な場合⇒3-5
・障害児の子育てについて相談をしたい場合⇒3-6
・就学以降に療育をしたい場合⇒3-8

3-5 子どもや親が病気になったときのサポート

▼ 項目で扱っている範囲のチャート

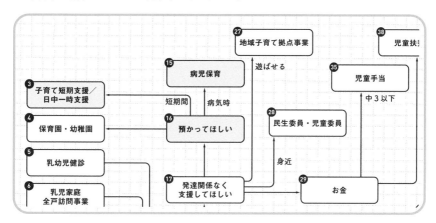

事例

　保育園に入園させてから、正君は発熱する頻度が高くなりました。そのため病児保育について調べ、保育園への登園が難しい場合には病児保育を利用するようにしました。また、父親と母親が両方とも体調を崩したり、ゆっくり休みたいと感じたときには子育て短期支援を活用しました。

　正君が3歳になり、母親は第二子を妊娠しました。母親の通院に父親がつき添うときなど、正君を病院に連れていくことが難しいと感じた際には、ファミリー・サポートを使うようにしました。出産時や産後も子育て短期支援などを活用しました。

▶ 病児保育の特徴とは？

　保育園や幼稚園に通い始めると、子どもが様々なウィルスをもらってきて、発熱や下痢の頻度が一気に高まります。家のなかだけで過ごしているとウィルスに感染する確率も低いため、風邪をひく頻度の違いに驚く保護者も多いでしょう。

　子どもは抵抗力が低く、園では子ども同士の距離が近かったり、咳エチケットや手洗いなどが不充分になったりするために感染しやすくなります。

　しかし、一度感染すればそのウィルスの感染症には抗体ができるため、感染を繰り返すことで徐々に免疫がつき、3〜6か月程度で風邪をひく頻度は落ちつきます。集団保育が早いと、病気に対する免疫の立ち上がりが早いため、後に病気になる回数は減るようです。また、予防接種をすることで、長期化や重症化する病気は防げます。そして、しっかりと睡眠や栄養を取ることで感染を防ぎやすく、もし感染しても回復が早くなります。睡眠時間は、1〜2歳児で11時〜14時間、3〜5歳児で10〜13時間、小学生で9〜12時間が推奨されています。

　そうはいっても、感染を防ぎきることは難しいでしょう。保育園は風邪などの病気がある子どもを預かってはくれません。障害児をもつ保護者であれば、介護休暇（164頁）を活用することもできますが、仕事に穴をあけることができないこともあるでしょう。そうしたときに活用できるのが、子ども・子育て支援法に規定されている「病児・病後児保育事業」です。障害の有無にかかわらず利用年齢は生後6か月〜就学前に限定しているところが多いですが、場所によっては小学生も対象のところがあります。

「病児保育」は、医師が常駐している医療機関併設型施設などで保育士等が子どもを預かり、発熱や下痢などの症状がある子どもを見守ります。「病後児保育」は回復期にある子どもに対し、医師が利用を認めた場合に看護師等がいる保育所併設施設などで見守ります。

病児・病後児保育事業において重要なのは、利用が決まっていなくても事前に登録を済ませる必要があることです。まずは地域のなかに病児・病後児保育をしてくれる場所があるか、市町村保健センター（150頁）や市町村役場（保育園を管轄する課）に問い合わせて確認しておきましょう。病児・病後児保育事業の利用手順などの詳細は、拙著『サービス本』を参照してください。

病児・病後児保育は、いずれも全国的に非常に数が少なく、圧倒的に足りていないのが現状です。申込開始時間と同時に電話をかけなければすぐに定員となってしまいます。病児の場合は、医師や看護師など専門職が見守るか、保護者が見守ることが望ましいですが、病後児の場合にはファミリー・サポート（133頁）を活用するのも1つでしょう。子どもの熱が下がった後も、1〜2日しっかり休ませることで次の感染をしづらくします。

病児・病後児保育事業で押さえておきたいこと

> ・「病児保育」は、医師が常駐している医療機関併設型施設などで
>   症状がある子どもを預かる
> ・「病後児保育」は、医師が利用を認めた場合に看護師等がいる保
>   育所併設施設などで回復期にある子どもを見守る

▶ 親が病気をした場合

先ほどは子どもが病気をしたときの対応でしたが、親がウィルスをもらうこともよくあります。風邪程度であったり、両親のどちらかが感染していなければいいですが、インフルエンザや溶連菌のように症状が重く・長いウィルスに両親とも感染したり、ひとり親だった場合は子どもの面倒をみることも困難になるでしょう。

そうしたときに活用してほしいのが「子育て短期支援事業（132頁）」です。児童養護施設や乳児院（242頁）など、入所している子どもが生

活する建物の一角を使って預かってもらえます。時間によっては入所中の子どもと遊ぶこともできるので寂しくありません。こちらも事前の登録が必要になります。子育て短期支援を利用中は、子どもは原則、園や学校に行けません。しかし施設との調整ができれば、通うこともできるため、まずは市役所に相談をしましょう。施設への送迎を保護者が行うのが困難な場合には、ファミリー・サポート（133頁）を活用するとよいでしょう。

次のステップ

・子育てについて相談をしたい場合⇒3-2、4-1
・障害児の子育てについて相談をしたい場合⇒3-6
・小学1年生以上の子どものことを相談したい場合⇒4-7

3-6 発達障害についての専門的な相談

▼ 項目で扱っている範囲のチャート

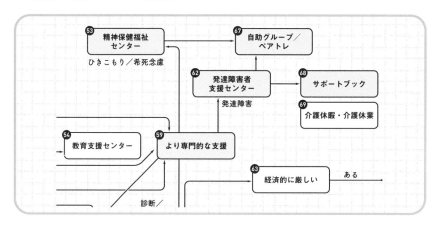

事例

　正君のかんしゃくが強くなり、家での関り方について相談したいと思った両親は、発達障害者支援センターに相談に行き、サポートブックの作り方や正君への関り方についての助言をもらうようにしました。

　また、ペアレントトレーニングについても紹介され、月に１回、通うようにしました。

▶ 発達障害者支援センターの特徴とは？

　子どもに関する相談機関は、３〜４章で書いているように複数あります。しかし、それらは子どもの専門機関であって、障害児を専門としているわけではありません。

　発達障害者支援法に規定されている「発達障害者支援センター」は、

発達障害児（者）専門の相談機関です。相談対象者の年齢は問わないため、乳幼児期から老人期まで相談することができ、年齢によって相談が途切れる心配がなく、発達障害の診断がなくても「疑い」の段階から相談ができます。つまり、「自分が発達障害かどうか教えてほしい」という当事者から話を聞いたり、医療機関につなぐ必要があるかどうかの判断（診断はできません）もします。診断がついたあとに、発達障害についての詳しい説明や心理教育などもします。

　発達障害者支援センターの役割は、①相談支援、②発達支援、③就労支援、④普及啓発・研修の4つで、相談方法も、来所相談、電話相談、訪問相談など多彩です。発達障害者支援センターの詳細は、拙著『サービス本』を参照してください。

発達障害者支援センターで押さえておきたいこと

- ・発達障害児（者）専門の相談機関で、相談者の年齢制限がない
- ・発達障害の疑いの段階から相談できる

　メンタル不調に関する専門の相談機関は、「精神保健福祉センター（81頁）」になり、相談者の年齢制限は設けられていません。匿名の電話相談も受けつけています。なお、身体障害児と知的障害児については、残念ながら専門機関はありません。18歳以上であれば、身体障害者更生相談所や知的障害者更生相談所が専門機関になります。

　障害児の相談全般に対応しているのが、指定障害児相談支援事業（162頁）や児童相談所（194頁）、保健所（82頁）となります。児童相談所は、18歳未満の子どもの療育手帳（50頁）の判定も行っており、心理検査（208頁）を実施して助言する等、障害相談も行っています。

▶ ペアレント・トレーニングについて

　発達障害児を抱える家族の日常生活の困り感を軽減するために実施さ

れているのが「ペアレント・トレーニング」です。プログラムの形式や内容は実施機関によって若干異なりますが、発達障害児を抱える保護者が5〜10名程度で集まり、1回90〜120分ほど、5〜10回の連続講座として行われます。

　講義とワークで構成されており、講義では、専門職が発達障害の特性や子どもへの関わり方、保護者のリラクゼーション法などを教えます。そしてワークでは、自分の子どもや自身にあてはめて考え、次回までに実施することを決め、自宅で実践します。翌回では、ホームワークで行ったことの感想をグループで言い合い、時には専門職が助言をします。子どもへの理解が深まったり、適切な関わり方を学べるだけでなく、同じ境遇の保護者同士がつながり、気持ちを共有したり、他の家庭の工夫を参考にすることができます。

　ペアレント・トレーニングは、発達障害者支援センターや医療機関、大学、NPO法人などで実施されています。開催時期なども様々ですので、居住地域で検索してみることをお勧めします。

　ペアレント・トレーニングは、交流だけでなく学びの場でもあります。家族同士が交流したいときには、発達障害児の家族会を探してみましょう。また、子どもが成長して当事者同士で交流したいと希望したときには、発達障害者の自助グループ（47頁）を探してみるのもよいでしょう。ペアレント・トレーニングで学ぶ技法などについては、西永堅先生の『子どもの発達障害とソーシャルスキルトレーニングのコツがわかる本』（ソシム）を参照してください。

ペアレント・トレーニングで押さえておきたいこと

- 発達障害児を抱える家族の日常生活の困り感を軽減するために実施される
- 講義、ワーク、ホームワークで構成され、5〜10人の保護者が集まって行う

▶ サポートブックの特徴とは？

　学校や園、関係機関などの子どもに関わる方々へ、子どもの情報を伝えて適切な関わりをしてもらうために、「サポートブック（サポートノート）」作成するのもよいでしょう。子どもの情報とは、成長発達の様子や関わってきた機関、子どもの特性や関わり方などです。

　個別の教育指導計画（177頁）と似ていますが、個別の教育支援計画は学校や園が作成するもので、サポートブック（サポートノート）は保護者が作成するものです。そのため、常に保護者が手元に置いておくことができ、変化があったときや気づいたことがあったときに、すぐに加筆修正できます。

　サポートブック（サポートノート）の内容や書き方に決まりはありませんが、自由に書いてもいいと言われても困るでしょう。「インターネット・サポートブック『うぇぶサポ』」には全国のサポートブック記録用紙の入手先を掲載していますので、保護者が書きやすそうなものを選択しましょう。

　内容のまとめ方や子どもの特性がわからないときに、先述した各専門機関に相談することもお勧めです。サポートブック（サポートノート）を作成することで、保護者が子どもの特性を整理し、理解を深めることができます。

次のステップ

・保護者がメンタル不調になった場合⇒1-1
・子育てについて相談をしたい場合⇒3-2、4-1
・就学に関することを知りたい場合⇒3-7
・治療が必要な場合⇒3-9
・小学1年生以上の子どものことを相談したい場合⇒4-7

3-7 学校生活にあたっての進路選択

▼ 項目で扱っている範囲のチャート

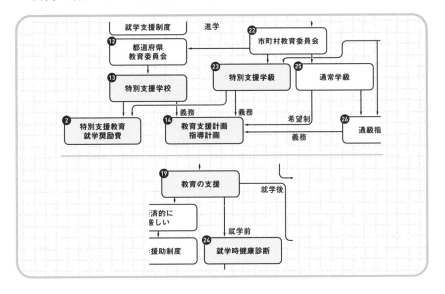

（就学支援制度 進学）

⑫ 都道府県教育委員会 ← 就学支援制度

㉒ 市町村教育委員会

⑬ 特別支援学校

㉓ 特別支援学級

㉕ 通常学級

❷ 特別支援教育就学奨励費 ← 義務

⑭ 教育支援計画指導計画 ← 義務

希望制

㉖ 通級指 ← 義務

⑲ 教育の支援

就学後

済的に
しい

就学前

援助制度

㉔ 就学時健康診断

事例

正君は年長になり、就学時健康診断を受けました。そして、就学前相談において、就学先をどうするか、教育委員会で話し合うことになりました。

両親は就学先として特別支援学級と特別支援学校とで悩みましたが、特別支援学校初等部への入学を決めました。

▶ 進学の選択肢

小学校の入学にあたり、保護者は複数の選択肢から子どもに合った進

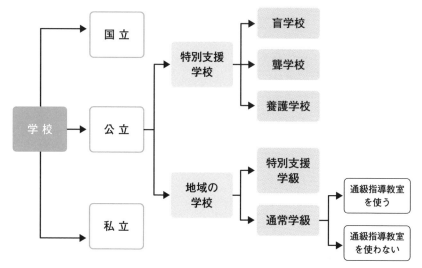

進学路の選択肢

※現在は盲学校・聾学校・養護学校を合わせて「特別支援学校」と呼び、受け入れられる障害を限定している学校があるという状況です

※国立・私立にも特別支援学級を設置している学校はありますが、ごくわずかです

学先を決定します。まず国立か公立か私立かを選択し、国立や私立の場合には各学校の願書提出期日を調べ、受験方法を確認します。公立を希望する場合には、特別支援学校か地域の小学校かを選択し、地域の小学校が希望であれば、特別支援学級か通常学級かを選択します。さらに、通常学級を希望した場合、通級指導教室（219頁）を希望するかどうかを決めなければなりません。

　どの学校を選択しても、障害者手帳は法律上、必要ないですが、特別支援学校のみ、障害の診断が必要です。特別支援学校と特別支援学級の大きな特徴は、「自立活動」という授業があることです。自立活動では、健康保持や心理的な安定、身体の動きなど、障害特性に必要な学習を行います。

「特別支援学校」には、幼稚部から高等部まであります。1クラス最大6

人までと少人数で、日常に必要なことを授業で練習することができます。他の子どもとの意思疎通が困難であったり、日常生活のなかで介護が必要な子どもに適しています。特別支援学校は、都道府県教育委員会の管轄となり、校区の範囲が広いことや1人での通学が困難な子どもが多いことから、通学バスでの送迎となります。入学希望者には、事前に学校説明会への参加を必須にしているところもあり、高等部は就職活動のために入学時より障害者手帳の取得を求められることが多くなります。通学がどうしても困難な場合には訪問教育を受けられます。

特別支援学校で押さえておきたいこと

- ・1クラス最大6人で日常訓練ができる
- ・通学バスでの送迎が基本
- ・意思の疎通が困難であったり、介護が必要な子どもが通う

「特別支援学級」は、公立の小・中学校に多く設置されています。法令上は、知的障害者や肢体不自由者など7つの障害に分けられており、在籍する子どもの障害によってクラス編成は異なります。1クラス最大8人と少人数で（複数の学年が同一学級に在籍することも）、各子どもに合わせた学習指導がなされます。

入級にあたり診断を求められる地域もありますが、診断を必要とせず、「特別支援の一環として必要」と判断された場合に入級できる地域もあります。

特別支援学級に在籍する子どもは、通常学級に参加する場合に入る「交流学級」をもちます。この交流学級で、給食時間や休み時間、特定の教科などを過ごすことができます。

これまで、特別支援学級に在籍していても、交流学級でほとんどの時間を過ごし、パニックを起こしたときなどの避難場所としてなど、限られた場合にのみ特別支援学級を使う子どももいました。しかし2022年4月から、週15時間以上通常学級で過ごせる子どもは、特別支援学級に在

籍させるのではなく、通常学級に在籍するようにという通知が文部科学省から出されました。これにより、特別支援学級と通常学級との分断が進むことが懸念されており、様々な状態の子どもに合わせた柔軟な特別支援が行いにくくなったといわれています。

特別支援学級で押さえておきたいこと

・地域の小・中学校のなかにある
・1クラス最大8人で、子どもに合わせた学習指導がなされる
・通常学級の子どもたちとの交流学級をもつ

▶ 特別支援教育就学奨励費の特徴とは？

「特別支援教育就学奨励費」の対象者は、特別支援学校か特別支援学級に通っており、サービスを提供する市町村にある小学校または中学校に在学し、学校教育法施行令第22条の3に定める障害の程度に当てはまる障害がある子どもです。

　これを利用すれば、学用品費や学校給食費などの学習に必要な費用を援助してくれます。また、通級指導教室（219頁）を利用するために公共交通機関を利用している児童生徒に関しては、交通費の全部または一部が援助されます。支給される金額は世帯構成や人数、所得によって異なります。申請は市町村役場にて行います。

　ただし、生活保護（124頁）や就学援助（227頁）などを受けている場合には対象外です。

▶ 進学先の決定について

　小学校に入学する前に「就学時健康診断」を行います。これは、学校保健法に基づき、就学前（年長）の子どもに対して健康診断を行い、伝染症や学習に支障を生ずるおそれのある疾病等の発見に努めます。この

健康診断は、国立や私立の小学校、特別支援学校に入学する場合も受けられます。

　就学時健康診断にあたって市町村教育委員会（229頁）は、就学予定者の名簿（学齢簿）を作成し、就学前年度の10月上旬頃に保護者に対して通知します。

　学区の小学校で実施され、視力・聴力・眼科・耳鼻咽喉科・内科・歯科などの健診が医師や歯科医師によって行われます。また、教員らによって子どもに対し、発達や言語、情緒等に関する質問を行います。

　就学時健康診断の結果に基づき、担当の医師や歯科医師の所見に照らして市町村教育委員会は治療を勧告し、保険上必要な助言をします。また、学校教育法に基づき、特別支援学校等への進学が必要と判断した場合には、就学先の決定についての手続きの流れや就学先決定後も柔軟に転学できることなどについて、本人・保護者にあらかじめ説明を行います（就学先決定ガイダンス）。

　その後、11月頃に「就学・教育支援委員会」が開かれ、障害の状態、教育上必要な支援の内容、本人・保護者の意見、専門家の意見などをふまえて総合的にどの学校・学級が適切かを判断し、本人・保護者の意見を最大限尊重したうえで、市町村教育委員会が就学先の最終決定を行います。

　就学・教育支援委員会で、本人・保護者の希望をひとまず伝える必要があるため、特別支援学校や特別支援学級の在籍の可能性がある保護者は、それまでに各学校を訪問して見学したり、学校長から話を聞いたり、知能検査や発達検査などを受けたりして準備をします。就学先が決定したあとも、子どもの様子に合わせ、学年が変わるときや進学するときに、転学や特別支援学級・通級指導教室の利用を希望することができます。

▶ 支援計画の特徴とは？

　特別支援学校や特別支援学級に在籍する子どもや、通級指導教室を利用する子どもには、「個別の教育支援計画」と「個別の指導計画」を作

成しなければなりません。そうした子ども以外にも、保護者が希望して作成してもらうこともできます。これらは、子どもの特別支援を行っていく中心となるものです。

「個別の教育支援計画」は、教育機関が中心となって作成され、子どもへの教育的な支援目標や基本的内容を明らかにし、福祉や医療などの関係機関からの支援が必要な場合にはその点も記述されます。個別の教育支援計画を関係機関で共有したり、進学先へ引き継ぐことによって、切れ目のない支援を実現することができます。

「個別の指導計画」は、個々の実態に応じて適切な指導を行うために学校で作成されるもので、障害のある子どもの指導目標や指導内容、指導方法を明確にするものになります。

個別の教育支援計画が子どもの長期的かつ広域的な支援計画であるのに対し、個別の指導計画はそれを達成するための具体的な方法について書かれているものといえるでしょう。これらは、保護者と本人が目標にしたいことやそのための支援方法について相談しながら進めていきます。児童発達支援事業所(161頁)や放課後等デイサービス(181頁)に通っている場合には、それらの個別支援計画(108頁)と一体となるよう特別支援コーディネーター(219頁)を中心に各機関と連携を取ることが重要です。

高校や大学などの進学については拙著『相談援助本』を、特別支援学級や教育支援計画などの詳細は『サービス本』を参照してください。

次のステップ

・放課後の過ごし方を知りたい場合⇒3-8
・通常学級を選択する場合⇒4-5
・学校にかかるお金の支払いが厳しい場合⇒4-6

3-8 放課後の過ごし方や家族の息抜き

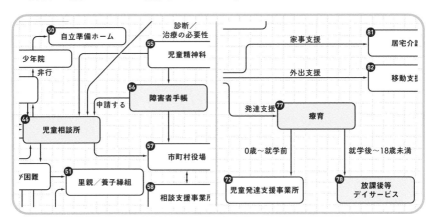

▼ 項目で扱っている範囲のチャート

- 50 自立準備ホーム
- 少年院
- 非行
- 55 児童精神科
- 診断／治療の必要性
- 申請する
- 56 障害者手帳
- 46 児童相談所
- 57 市町村役場
- が困難
- 51 里親／養子縁組
- 58 相談支援事業所
- 家事支援
- 81 居宅介護
- 外出支援
- 82 移動支援
- 発達支援
- 77 療育
- 0歳～就学前
- 就学後～18歳未満
- 72 児童発達支援事業所
- 78 放課後等デイサービス

事例

　正君は、特別支援学校に入学後、学校が終わってからは放課後等デイサービスを使い、夏休みなどの長期休みも放課後等デイサービスで過ごしました。また、家族で旅行に行ったり遊びに行ったりしやすいようにと、障害者手帳の申請を決めました。そして、妹のスペシャルDAYを実施したい日や、妹の行事に正君を連れていくのが難しいと判断した日、両親がゆっくり休みたいと思った日には、日中一時支援を利用することにしました。

▶ 放課後に子どもが過ごす施設について

小学校は15時や16時ごろに終わります。低学年や始業式などの特別な

日にはもっと早く終ることもあるでしょう。共働き家庭やひとり親家庭などで、日中、保護者が家庭にいない子どもの場合、放課後1人で過ごさなければなりません。そこで、児童福祉法には「放課後児童健全育成事業（放課後児童クラブ）」が定められており、「学童クラブ」や「学童保育」、「留守家庭児童会」などの名称で設置されています。

　対象は小学校に就学している子どもで、保護者が就労により昼間家庭にいない子どもや、疾病・介護等により昼間家庭での養育ができない子どもです。小学1年生から4年生までを対象としているところが多いですが、児童福祉法が改正され、2015年4月から対象年齢が6年生までとなったことで、5〜6年生も受け入れる自治体も増えています。

　学校内の一部教室や敷地内の建物を活用しているところもあれば、学校から少し離れた建物で実施しているところもあり、学校を終えた子どもから順次、自力で放課後児童クラブに向かいます。放課後児童支援員が子どもたちの宿題を見たり、おやつを準備したり、遊びをサポートしたりします。保育士などの有資格者をもつ方が放課後児童指導員になっていることもありますが、無資格者や学生がアルバイトとして働いていることもあります。

　利用料は自治体によって異なり、月7,000〜15,000円のところが多いようです。通常は学校が終わる時間から18時頃まで預かってもらえますが、夏休みなど学校がない期間は、朝から預かってもらえます。

　障害の有無に関係なく利用できますが、障害をもった子どもに個別で指導員がつくといったことは難しいでしょう。また、特別支援学校（174頁）に通っている子どもは放課後児童クラブを実施しているところまでの移動が難しいため利用が困難です。特別支援学級に在籍している場合には、子どもの障害の程度や必要なサポートを伝え、受け入れが可能かを相談してください。放課後等デイサービスとの併用も可能です。

　民間の学童保育もあり、習い事施設と併設されていたり、夏休みの期間中だけ希望したり、バスで送迎してくれるところもあります。しかし、利用料が高額になるため、各家庭に合わせて自治体の放課後児童クラブを利用するか、民間の学童保育を利用するか検討するとよいでしょう。

> ・学校が終わったあとから18時ごろまで子どもを預かってくれる
> ・地域の小学校に通っている子どもが対象となる

▶ 放課後等デイサービスの特徴とは？

　障害のある児童が放課後に過ごす場所として、「放課後等デイサービス」があります。児童福祉法に定められている、障害児が専門的な支援が受けられる通所機関は「障害児通所支援」といい、そのうち未就学児の子どもが通うところを「児童発達支援事業所（161頁）」、就学後から高校卒業の年齢までの障害をもった子どもが通うところを「放課後等デイサービス」といいます。

　これまで、放課後等デイサービスは学校教育法に規定する学校に就学している障害児が対象であったため、中学卒業後に専修学校や各種学校へ通学していた障害児は対象となりませんでした。しかし児童福祉法の改訂により、2024年4月から市町村長が認める場合については、専修学校や各種学校の障害児も対象となりました。

　放課後等デイサービスは、学校在学中の障害児に対し、夏休み等の長期休暇中に生活能力向上のための訓練等を継続的に実施し、子どもの放課後等の居場所にもなります。学校がある日には、放課後、学校まで送迎車が来るところも多いです。また、終了後も自宅まで送迎しているところや、土曜日・長期休暇中は朝から夕方まで開所しているところが多いため、養育者が仕事をしている家庭でも安心して利用できます。正君のように、特別支援学校を終えたあとに放課後等デイサービスに通う子どももいます。

　放課後等デイサービスは、在籍している学校や学級にかかわらず、児童相談所（194頁）や医師が必要だと認めた子どもが通えます。そのため、

在籍している学校や学級以外の子ども、学年の違う子どもと交流することもできます。

　児童発達支援事業所と同じように、プログラムには個別療育と集団療育がありますが、児童発達支援事業所よりも集団療育のほうが多いでしょう。宿題をしたり、おやつを食べたり、皆で遊んだりと、放課後児童クラブ（180頁）と似たプログラムを実施しているところもあれば、運動や学習をメインにしたプログラムを実施しているところもあり、事業所によって様々です。利用方法は、障害者総合支援法の訓練給付（107頁）や児童発達支援事業所・指定障害児相談支援事業所（162頁）のページを参考にしてください。また、放課後等デイサービスを運営している法人が保育所等訪問支援（163頁）を行っていれば活用できます。

放課後等デイサービスで押さえておきたいこと

- ・就学後から高校卒業の年齢までの障害をもった子どもが通う
- ・生活能力向上のための訓練等を継続的に実施し、放課後等の居場所になる

　放課後等デイサービスの空きを待つ間や、放課後等デイサービスの支給日数ではサポート足りない場合には、下記の日中一時支援事業を活用するとよいでしょう。

　障害児通所施設の全容や障害者手帳の詳細は拙著『サービス本』を、きょうだい児へのサポートや保護者ケアについては拙著『相談援助本』を参照してください。

▶ 日中一時支援事業（タイムケア事業）の特徴とは？

　家族の一時的な休息のために、障害をもつ方の日中・一時的な活動の場を提供する制度が「日中一時支援事業（タイムケア事業）」です。これは、障害者総合支援法の地域生活支援事業に位置づけられたサービス

です。

　障害をもつ方を支える家族は、身体的・精神的・経済的な負担感を抱いているといわれています。そうした負担が募ると、虐待が発生したり、保護者の方がメンタル不調（17頁）に陥ったりすることもあります。そうした問題を防ぐために日中一時支援事業があります。

　対象者は、障害者手帳をもつ方や、短期入所を認められた方で、1〜64歳未満の方が使うことができます（施設によって年齢制限を設けているところがあります）。朝から夕方まで利用できるところや、学校を終えた時間から18時ごろまで利用できるところ、土曜日・日曜日・夜間にも利用できるところもありますので、各施設に対象者や利用時間について問い合わせてください。また、送迎をしてくれるところもあります。

　利用料金は、世帯の所得によって利用料金が定められています。利用の際には市町村役場に申請し、「地域生活支援サービス利用者証」を受給してもらう必要があります。

　ショートステイ（132頁）との大きな違いは、利用時間帯と利用年齢・対象です。ショートステイは宿泊を伴う利用となり、ショートステイの事業には、0〜18歳未満の子どもが利用できる「子育て短期支援事業」と、18〜64歳の障害者が使える「短期入所」があります。

　放課後等デイサービスは生活能力向上のための訓練等の療育が一番の目的ですが、日中一時支援事業やショートステイは家族の休息（レスパイトケア）が一番の目的となります。また、放課後等デイサービスと利用できる年齢が異なります。佐藤さんのように親が休息するためだけでなく、きょうだい児への支援としても利用してほしいです。

日中一時支援事業で押さえておきたいこと

・障害のある方の家族の一時的な休息のためにある
・1〜64歳未満の障害児（者）が利用することができる

▶ きょうだい児へのケアについて

　障害をもつ兄弟姉妹がいる方を「きょうだい児」といいます。きょうだい児は2021年の統計から約666万人前後いると推測されており、障害がある兄弟姉妹のために我慢を強いられたり、世話を任されたり（ヤングケアラー）、親亡き後の不安を抱えている方も多くいます。そのため、きょうだい児へのケアも必要だという声が挙がっていますが、残念ながらきょうだい児への直接的なサポートはほとんどありません。

　そこで、障害児（者）をサポートすることで、きょうだい児がケアされることを考えます。この考え方は親の支援においても重要です。たとえば、障害児が障害者手帳を取得することで、無料や割引になる施設やサービスがあったり、大きなレジャー施設で順番を待つ間、列に並ばずに済むこともあります。こうしたサポートがあることで、外に遊びに行きやすくなるでしょう。

　障害者手帳については50頁で説明しているのでそちらも参考にしてください。子どもが障害者手帳を取得するメリットは、障害があることの公的な証明になることと保護者の経済的負担が軽くなること、きょうだい児へのサポートになる点です。これまでの事例を読むとわかるように、障害者手帳がなくても多くの制度を利用することができます。しかし障害者手帳を提示することで、配慮や理解を得られやすくなり、保護者の心的負担が減ることもあります。

　18歳未満の療育手帳音取得は児童相談所（194頁）に、精神障害者保健福祉手帳の取得は児童精神科（精神科）〔156頁〕に行きます。

　また、休日に行われる学校行事に障害がある子を連れて行くと、きょうだい児に注目するよりも障害がある子に手がかかってしまい、じっくりと観覧することができないかもしれません。そうすると、きょうだい児は寂しい思いをするでしょう。

　きょうだい児のケアにおいて大切なのは、きょうだい児への「スペ

シャル Day」や「スペシャル Time」を設けることです。その日、その時間だけは、誰にも邪魔されないその子だけの特別な時間にします。たとえば毎月第4日曜日はきょうだい児と保護者が話し合い、どこに行きたいか、何をしたいかわがままを聞いてもらえるという日にするといったものです。

　佐藤さんのように日中一時支援事業（182頁）を活用することで、障害児を安心して預けることができ、きょうだい児の学校行事に専念したり、スペシャル Day を実施しやすくなったりと、きょうだい児のケアもできるようになります。将来、親亡き後のサポートをきょうだい児が担うかどうかはきょうだい児が決めることです。そのためには、本書に書かれているような様々な制度についてきょうだい児も知っておくことが大切です。

　きょうだい児についての相談は拙著『相談援助本』を、子どもの障害者手帳取得についての詳細は拙著『サービス本』を参照してください。

次のステップ

・子育てのサポートを受けたい場合⇒2-10、2-11
・子どもが病気になったときにサポートが必要な場合⇒3-5
・子どもの将来に向けて考えたい場合⇒3-9

家族の介護をしたいときのサポート

▼ 項目で扱っている範囲のチャート

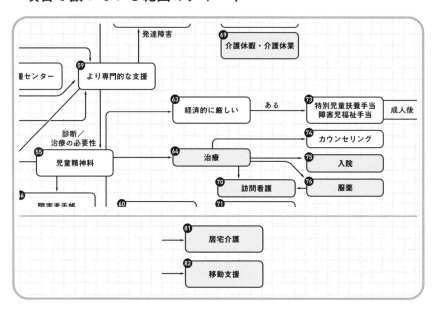

- 発達障害
- 69 介護休暇・介護休業
- 愛センター
- 59 より専門的な支援
- 63 経済的に厳しい ── ある ── 73 特別児童扶養手当 障害児福祉手当 ── 成人後
- 診断／治療の必要性
- 74 カウンセリング
- 55 児童精神科
- 64 治療
- 75 入院
- 76 服薬
- 70 訪問看護
- 6 障害者手帳
- 60
- 71
- 81 居宅介護
- 82 移動支援

事例

　正君は環境などの変化が苦手なため、特別支援学校への進学の際にはしばらく登校を嫌がり、自宅でもかんしゃくを起す頻度が増えました。不安からか夜眠ることも難しくなり、睡眠不足からさらに登校を嫌がるという悪循環が生じました。母親は職場と調整し、介護休暇を1か月取り、学校や放課後等デイサービスなどにつき添いました。同時に児童精神科を受診し、服薬治療を提案されたため、両親で話し合い、服薬治療を開始しました。また、通院のサポートとして居宅介護を使うことにしました。

　その後、正君は中等部・高等部と進学しました。両親はその成長に喜びつつも、正君が将来、1人で生活できるようにするためにはどうしたらいいかを考え始めました。そのため、まずは移動支援を使って1人で出かけられる範囲を増やすようにしました。そして、相談支援事業所に相談しながら、入所施設やグループホームなど、様々な情報を仕入れ、正君とどのような生活を望んでいるか、少しずつ聞くようにしています。

▶ 介護休業の特徴とは？

　育児・介護休業法に定められている「介護休暇（164頁）」ではサポートが足りない場合、同法に定められている「介護休業」を利用することができます。介護休業は、1年以上、週3日以上働いている方が対象です。また、介護休業の対象家族は、配偶者（事実婚を含む）、父母、子、配偶者の父母、祖父母、兄弟姉妹、孫です。

　対象家族1人につき3回まで、通算93日休業することができます。つまり、1回の介護休業で連続して93日休むこともでき、30日・30日・33日のように3回に分けて断続的に休業することもできます。

　正君のように進学したときに体調が崩れやすい子どもの場合、小学校・中学校・高校の進学に合わせて3回介護休業を取ってサポートするのもよいでしょう。両親が交互に介護休業を使用することで、より長くサポートができたり、長期間仕事を休まずに済みます。

　また、対象家族1人につき93日休めるわけですから、母親が正君のことで介護休業を93日使い切ったとしても、母親の両親（正君の祖父母）の介護が必要になった場合には、祖母と祖父の介護にそれぞれ93日ずつ介護休業を取ることが可能です。

　原則、休業開始予定の2週間前までに会社に申請書の提出が必要なため、急な対応は難しく、申請が通るまでは有給休暇を使わなければならないこともあります。ただし、会社が便宜を図って申請を2週間より短

い期間に設定することは可能なため、勤務先に確認することが大切です。

　介護休業自体は無給の制度であるため、雇用保険の「介護休業給付金」を申請する必要があります。そうすることで、介護休業期間中に休業開始時賃金月額の67%が支給されます。勤務先から給与や手当が発生する場合があり、介護休業給付金と併せて80%になるよう設定されます。

　介護休業給付金は、介護休業をする勤務先の会社がハローワーク（75頁）に提出することで支給が決定しますが、休業する本人が提出することも可能です。またこの申請は、介護休業中ではなく、介護休業を終了してから申請するため、介護休業中の収入は会社からの給与や手当のみとなることに注意が必要です。

　介護休業は、家族がずっと介護を続けるために取得するものではなく、制度やサービスを適切に活用するための準備期間に取得するものになります。そのため、介護休業を取得中は、佐藤さんのように正君への付き添いだけでなく、医療機関の受診や福祉サービスの利用の手続きを行ったり、相談機関につながるようにします。

介護休暇で押さえておきたいこと

- 対象家族1人につき3回まで、通算93日休業することができる
- 無給の制度であるため、雇用保険の介護休業給付金と併せて申請する

▶ 発達障害などの治療について

　発達障害や知的障害などの障害そのものを治すことはできません。しかし、障害特性から不安が高くなったり、睡眠障害や衝動的になったりと、メンタル不調（17頁）が出現することは珍しくありません。

　そうした場合には、児童精神科（15歳未満）〔156頁〕や精神科（15歳

以上の場合）を受診し、医師に相談をしましょう。低年齢のお子さんの場合、薬を飲ませることに不安なこともあるでしょう。そうした不安の相談にも丁寧に応答してもらえる医師を見つけることや、医師と相談できる関係性を築くことが大切です。

　保護者だけで服薬管理を行うのが難しい場合、主治医と相談して訪問看護（96頁）を利用することもできます。さらに、正君の状態が悪化し、生活習慣が大きく乱れたり、家庭生活ではサポートが困難となった場合には、症状を落ちつかせたり生活習慣を整えるために入院治療（86頁）を提案される場合もあります。発達障害に有効な薬や精神科医療で扱われる薬、入院治療の詳細は『メンタル不調本』参照してください。

　また、136頁で居宅介護について詳しく説明していますが、子どもであっても親だけではサポートが難しい場合や自立に向けた練習が必要な場合には使うことができます。

　佐藤さんのように共働きであれば、兄弟の面倒も見ながら正君の日常生活のサポートを丁寧に行うことは困難かもしれません。たとえば、正君の入浴を見守ってほしい、学校に行く準備を手伝ってほしいといったこともヘルパーにお願いすることができます。また、保護者が毎回仕事を休んで通院につき添うとなると大変です。そのため、症状が安定してからはヘルパーに通院をお願いしてもよいでしょう（自治体によっては、通院は保護者のつき添いを必要としていますが法律上は不要です）。

▶ 将来に向けて

　特別支援学校を出たあとは、福祉的就労（107頁）や一般就労（54頁）をしたり、職業能力開発校・大学・専門学校等へ進学したり、生活介護（104頁）や自立訓練などの福祉サービスを利用したりと様々です。

　親元から離れてグループホーム（114頁）や入所施設を利用したり、居宅介護や移動支援事業（105頁）を活用しながら1人暮らしにチャレンジする子もいます。お金の管理に心配があれば、日常生活自立支援事業

（120頁）も活用できます。

　障害者入所施設は、障害者支援区分が4以上が対象で、障害者総合支援法の介護給付のサービス（251頁）です。18歳未満で障害児入所施設に入所する場合には、児童相談所へ相談し、保護者と話し合って決定します。

　中学生や高校生など思春期になり、興味・関心が外に広がった時点で移動支援事業を使うことで、親とは異なる人間関係を築けたり、興味・関心に基づいて行動しやすくなります。家族がすべてのサポートをするのではなく、あえてサービスを使うことによって、本人の世界が広がります。

次のステップ

・就職について相談したい場合⇒1-8
・経済的なことや日常生活について相談したい場合⇒1-11
・日中活動の場を探したい場合⇒2-5
・福祉的就労をしたい場合⇒2-6
・家事や日常生活の訓練をしたい場合⇒2-7
・両親が離婚した場合⇒4-3、4-4

父親からのDV、両親の離婚、不登校から非行に至った田中さんのケース

子育て相談、虐待の可能性があるときの相談

▼ 項目で扱っている範囲のチャート

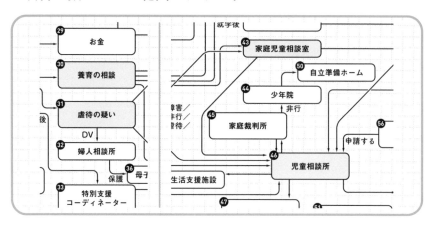

事例

　清水家は、両親と恵美さんの3人暮らしです。父親は自営業をしており、母親はその手伝いをしていました。父親は家族への暴言がひどく、母親は幼少期から恵美さんが父親をこわがっていること、恵美さんに対して育てにくさを感じていることなど、養育に関する相談を家庭児童相談室で行っていました。

　家庭児童相談室は、父親からの心理的虐待の可能性があるとして児童相談所に通告し、要支援児童として見守りを続けていました。

▶ 子ども家庭総合支援拠点（家庭児童相談室）について

　児童福祉法の一部改正により、2005年4月から「児童家庭相談」に応

じることが市町村の業務として規定されました。これにより、市町村役場に「家庭児童相談室」が設けられ、2017年4月の一部改訂で、「市町村子ども家庭総合支援拠点」を市町村役場に設置するよう求められました。厚生労働省によると市町村子ども家庭総合支援拠点は、「既存の家庭児童相談室の機能を包含することにもなる」ということなので、厳密にいえば、子ども家庭総合支援拠点は家庭児童相談室を拡充したものとなりますが、ここでは同一のものとして説明します。

　家庭児童相談室は0〜18歳未満の子どもがいる家庭の支援全般に係る業務を担っており、市町村保健センター（150頁）と連携して乳幼児健康診査（152頁）や養育支援訪問事業（152頁）を実施しています。また、児童虐待に関する相談や子育てに関する相談も担っています。来所が難しい家庭には、訪問して相談にのることもできます。保健師や心理職など配置されている専門職は自治体によって異なりますが、心理職が配置されている家庭児童相談室では、子どもとのプレイセラピーや心理検査（208頁）も実施します。

　家庭児童相談室は、児童相談所（194頁）と併せて児童虐待が疑われた際の通告先となっており、児童相談所と同じように受理会議が行われ、子どもの安全確認が行われますが、緊急度や困難度が高い場合には、児童相談所に直ちに連絡します。安全確認を行ったあと、虐待の程度等によって、児童相談所が主導で担当するか、家庭児童相談室が主導で対応するかが話し合われます。

　また、「児童家庭相談」を主とする児童相談所と、「母子保健」を主とする市町村保健センターの間に入り、それぞれからの情報を集めて家庭養育環境等の実情把握に努め、虐待予防や家庭支援を行います。

子ども家庭総合支援拠点（家庭児童相談室）の特徴

・虐待通告先の1つ
・0〜18歳未満の子どもがいる家庭の支援全般に係る業務を担う

▶ 児童相談所（養護相談）の特徴とは？

　虐待の通告先として広く知られるようになった「児童相談所」ですが、児童福祉法で都道府県と指定都市に設置が義務づけられており、家庭児童相談室ができるまでは、0〜18歳未満の子どもがいる家庭の支援全般に係る業務を担っていました。

　現在でも、養育相談（虐待相談・養子縁組など）、保健相談（未熟児や疾患をもった子どもに関する相談など）、障害相談（障害児の相談）、非行相談（虞犯、触法行為等の相談）、育成相談（不登校や学業不振、育児相談など）を担っています。

　児童相談所における相談の種類別対応件数では、これまで障害相談が最も多かったですが、2017年から養育相談が障害相談を上回り、2021年では49.5％が養育相談、35.6％が障害相談、7.3％が育成相談となっています。

　障害相談については170頁、非行相談については238頁、児童相談所で働く人については207頁を参照してください。

　虐待の通告がなされた場合には、緊急度判定会議（緊急受理会議）が開かれ、虐待のリスクがあって子どもの安全確認が必要と判断されると原則48時間以内（都道府県によっては24時間以内）に子どもに直接会いに行き、虐待のリスクアセスメント（判定会議）が行われます。学校や園からの通告があった場合には、子どもを帰宅させる前に学校や園で安全確認を行うこともあります。

　児童相談所等が家庭訪問を繰り返し行っても保護者と連絡が取れず、子どもの安全確認も取れない場合には、知事の出頭要求（保護者に対し、子ども同伴で出頭を求めることができる）を行うことができます。

　それでも保護者が出頭しない場合には、警察官の援助を受け、立ち入り調査（子どもの居所に立ち入ることができる）を行うことができます。それでも職員の立ち入りを拒んだり妨げたり、忌避した場合には、再出頭要求を行い、それも拒否した場合、家庭裁判所や簡易裁判所の許可状

を請求し、警察官の援助を受け臨検・捜索（実力行使）をすることができます。

　このように、児童相談所には虐待通告に対する強い権限が与えられているのが、家庭児童相談室と大きく異なる点です。そのため、家庭児童相談室が安全確認に行っても保護者と子どもに会えない場合には、緊急度や困難度が高いと判断し、児童相談所に依頼をします。

　リスクアセスメントの結果をもとに援助方針会議が開かれ、在宅指導、一時保護、施設入所、里親委託等の方針を決定します。

　一時保護は、緊急の場合や行動観察のために子どもを一時的に一時保護所に保護することを指します。一時保護は子どもの生命の安全を確保することを第一の目的に行われますが、「単に生命の危険にとどまらず、現在の環境におくことが子どものウェルビーイング（子どもの権利の尊重・自己実現）にとって明らかに看過できないと判断されるときは、まず一時保護を行うべき」とされています。子どもが一時保護されている間に、子どもや家族に対する支援内容を検討し方針を定めます。この方針の結果、自宅に帰って在宅指導となる子ども（約74%）もいれば、児童養護施設（242頁）などの施設入所になる子ども（約26%）もいます。

　また、一時保護の原因は虐待が最も多く、半数を超えていますが、虐待以外の養護や非行などもあります。さらに一時保護は原則として2か月を超えてはならないとしていますが、2週間以内に保護を終える児童が約45%です。一時保護中は園や学校に行くことができず、保護所内で学習や運動を行います。こうした一時保護や施設入所の措置などを取ることができる権限も児童相談所にしかありません。

児童相談所（養護相談）で押さえておきたいこと

・虐待の通告がなされた場合には、原則48時間以内に安全確認を行う
・出頭要求、立入調査、臨検または捜索といった強い権限がある
・一時保護することができる

▶ 児童家庭支援センターの特徴とは？

　児童相談所を補完するものとして児童福祉法に定められているのが「児童家庭支援センター」です。児童相談所の相談機能を担っているといってもよいでしょう。母子生活支援施設（202頁）、児童養護施設（242頁）、児童心理治療施設（244頁）などに付置されており、児童虐待の発生予防や親子関係の再構築支援（家族支援）、心のダメージの回復を目指した専門的ケアを実施したり、里親（245頁）からの相談を受けたりしています。

▶ 要保護児童対策地域協議会の特徴とは？

　虐待を受けている子どもや非行児童などの「要保護児童等」を早期に発見して適切な保護を図るために、関係機関がその子ども等に関する情報や考え方を共有し、適切な連携の下で対応していくために「要保護児童対策地域協議会（子どもを守る地域ネットワーク）」が全市町村に設置されています。

「要保護児童等」の意味

- ・要保護児童：保護者のない児童または保護者に監護させることが不適当であると認められる児童及びその保護者
- ・要支援児童：保護者の養育を支援することが特に必要と認められる児童及びその保護者
- ・特定妊婦：出産後の養育について出産前において支援を行うことが特に必要と認められる妊婦
  ※虐待児に限られないことがポイント

　要保護児童対策地域協議会の構成員は、児童相談所や家庭児童相談

室、保育所、児童館、民生委員などの「児童福祉関係」、市町村保健センター、保健所、医療機関などの「保険医療関係」、教育委員会、幼稚園、保育所、小学校、中学校などの「教育関係」、「警察・司法関係」、「人権擁護関係」などです。

本来、各機関で知り得た情報は個人情報保護によって保護者や本人の同意なく情報を漏洩することは違法ですが、要保護児童対策地域協議会に参加する関係機関の間での情報交換は、児童福祉法の規定に基づく行為であり、必要かつ社会通念上相当と認められる範囲で行われる限り、正当な行為となります。つまり、要保護児童等の情報は、保護者の同意なく、情報交換を行うことができます。

事務局は家庭児童相談室（192頁）が担っていることが多く、「代表者会議」「実務者会議」「個別ケース検討会議」が開かれます。

代表者会議は、要保護児童対策地域協議会の構成員の代表者による会議で、実務者会議の円滑な運営のために、年1～2回開催されます。実務者会議は、実際に活動する実務者から構成され、要保護や要支援のすべての子どもについて主担当機関の確認や援助方針の見直しなどが行われます。個別ケース検討会議は、要保護児童に直接関わっている担当者や関わる可能性がある関係機関が集まり、具体的な支援の内容を検討するために構成員の希望によって適宜開催されます。対応に困っており、関係機関で集まって方針を検討したいと思った場合、個別ケース会議を希望するとよいでしょう。

要保護児童対策地域協議会で押さえておきたいこと

- ・虐待を受けている子どもや非行児童などの要保護児童等を早期に発見し、適切な保護を図る
- ・対象家族について保護者の同意なく情報交換を行ってもいい
- ・「代表者会議」「実務者会議」「個別ケース検討会議」が開かれる

次のステップ

・DV について相談したい場合⇒4-2

・離婚について相談したい場合⇒4-4

・自宅での生活が困難な場合⇒4-9

4-2 DVを受けた場合のサポート

▼ 項目で扱っている範囲のチャート

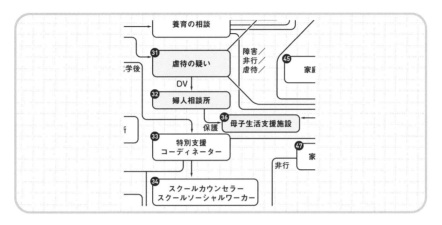

事例

　恵美さんが小学生に上がるころから父親が母親に暴力を振るうようになりました。暴力は次第に悪化し、ある日、父親が母親に暴力をふるっているのを見てこわくなった恵美さんは、警察に電話をしました。警察官が駆けつけ、父親は警察に同行され、母子は婦人相談所（配偶者暴力支援センター）の利用方法について説明を受けました。母親はすぐにセンターに電話し、恵美さんと2人でシェルター（母子生活支援施設の緊急一時保護室）に緊急一時保護されることになりました。そして、相談員の助けを借りながら、警察に被害届を出し、地方裁判所に保護命令の申し立てをしました。その後、母子は一時保護から母子生活支援施設に入所することになりました。

▶ 児童虐待について

　児童虐待防止法には、「児童虐待」の定義として、保護者がその監護する18歳に満たない子どもについて、子どもの身体に外傷が生じ、または生じるおそれのある暴行を加えること（身体的虐待）、子どもにわいせつな行為をすることまたは子どもをしてわいせつな行為をさせること（性的虐待）、子どもの心身の正常な発達を妨げるような著しい減食または長時間の放置など保護者としての監護を著しく怠ること（ネグレクト）、子どもに対する著しい暴言または著しく拒絶的な対応、子どもが同居する家庭における配偶者に対する暴力など（心理的虐待）と明記されています。

　また、配偶者や恋人などの親密な関係にある、またはあった者から振るわれる暴力を「ドメスティック・バイオレンス（DV）」といいます。恵美さんの父親が母親に暴力をふるう行為はDVにあてはまり、子どもである恵美さんがそれを見聞きしているところで行われるDVは子どもへの心理的虐待となります。児童虐待が生じ、児童相談所（194頁）や家庭児童相談室（192頁）に通報した場合、48時間以内の安全確認となります。目の前で暴力が起こっていたり、深夜や休日に緊急での対応が必要な場合には、すぐに駆けつけてくれる警察に通報します。児童虐待が疑われた場合には、警察から児童相談所に通告があります。

　18歳以上で家族からの虐待を受けている場合、児童虐待として対応してもらえません。そこで虐待を受けている方が障害をもっている場合には「障害者虐待」、65歳上の場合には「高齢者虐待」、配偶者からの暴力の場合には「DV」として保護することができないかを検討します。障害者虐待や高齢者虐待の場合には、福祉サービスの介護者からの虐待も市町村役場に通報して対処してもらうことができます。

▶ 配偶者暴力相談支援センターについて

　売春防止法に基づいて都道府県に必ず1つ設置されている「婦人相談

所」は、もともと売春を行うおそれのある女子の相談や一時保護等を行う施設でした。しかし、現在では売春に限らず女性に関する様々な相談に応じています。

2001年に配偶者からの暴力の防止及び被害者の保護等に関する法律（通称：DV防止法）が施行され、婦人相談所が「配偶者暴力相談支援センター」を担うようになりました。

また、都道府県や市町村等が自主的に設置している女性のための総合施設として「男女共同参画センター（女性相談センター）」があり、女性が抱える問題全般の相談や情報提供を行っています。男女共同参画センターが配偶者暴力支援センターを担っているところもあります。

婦人相談所の2021年度の相談内容のうち、約72%が夫や家族、交際相手からの暴力についてで、その他はストーカー被害や離婚問題、妊娠や出産などの医療関係の相談などがあります。

配偶者暴力相談支援センターでは、配偶者からの暴力の防止及び被害者の保護を図るために、カウンセリングや相談、相談機関の紹介を行うほか、緊急時の一時保護や保護命令制度の利用についての情報提供などを行います。婦人相談所には、一時保護機能があり、子どもと一緒に非難することができます。DVを受けた被害者を一時的に保護する施設を「シェルター」といいます。シェルターは婦人相談所にあるだけでなく、母子生活支援施設（202頁）の緊急一時保護室など民間施設に委託されていることもあります。DVによる一時保護は、児童相談所での一時保護とは異なり、母子ともに保護されます。

配偶者暴力相談支援センターで押さえておきたいこと

・配偶者からの暴力の防止および被害者の保護を図る
・一時保護や保護命令の利用について手助けを行う

▶ 母子生活支援施設の特徴とは？

　配偶者がいない女性、またはこれに準ずる事情にある女性およびその子どもを入所させて保護し、自立促進のために生活支援する施設が、児童福祉法に定められている「母子生活支援施設」です。以前は「母子寮」とも呼ばれていました。

　入所理由は配偶者からの暴力が半数を占めていますが、住宅事情や経済事情、母親の心身の不安定などもあります。未婚での出産や離婚など様々な理由によって経済困窮する母と18歳未満の子どもが入所できます。

　家賃は発生せず、前年度の所得に応じた利用料を支払い、光熱水道費や食費などは実費負担となります。就職支援や育児についての相談、離婚や養育費の手続きなどの相談ができます。施設内に保育スペースがあり、保育士が乳幼児を預かったり、臨床心理士による心理面接を受けることもできます。さらに、小学生以上の子どもは地元の学校に通うことができ、放課後には施設で学童活動が行われ、児童支援員が子どもの勉強を見たり、一緒に遊んだりします。

母子生活支援施設で押さえておきたいこと

- ・配偶者のいない女性とその子ども（18歳未満）を入所させて保護する
- ・入所理由は、配偶者からの暴力、住宅事情、経済事情、母親の心身の不安定など

▶ 保護命令について

　シェルターに保護されたり、転居をしたりしても、配偶者から新しい生活を妨害されてしまうのではと不安にさらされてしまっては、恐怖で日常生活が送れなくなってしまうでしょう。

配偶者からの脅威を避けるために、被害者は市町村役場に「支援措置」の申請と地方裁判所に「保護命令」の申立てを行うことができます。

　支援措置は、加害者（とされる方）から「住民基本台帳の一部の写しの閲覧」、「住民票（除票を含む）の写し等の交付」、「戸籍の附票（除票を含む）の写しの交付」の請求・申出があっても、これを制限する（拒否する）措置を受けられるというもので、DVだけでなくストーカー行為、児童虐待（200頁）などの被害を受けている方も対象です。

　住民票を置く市区町村や本籍地の市区町村の窓口に「住民基本台帳事務における支援措置申出書」を提出することにより、DV等支援措置を求める旨の申出を行います。書式は、各市区町村の窓口で受け取ることができます（インターネット上に書式を掲載している市区町村もあります）。申し立てには、手数料の1,000円と郵便切手約2,500円を裁判所に納める必要があります。

　この申し出を受けた市区町村は、支援措置の必要性について警察や関係機関に聞き取りを行うため、事前に警察や配偶者暴力相談支援センター（200頁）などへの相談をしておくことをお勧めします。支援措置は裁判所ではなく市役所が行うため、保護命令とは別途申請が必要です。支援措置の期間は1年間となっており、その期間を超えて支援措置が必要な場合には、期間終了の1か月前から延長申請をすることができます。

　保護命令の種類には、①配偶者が被害者やその子の身辺につきまとったり、被害者の住居、勤務先等の付近を徘徊することを禁止する「接近禁止命令」、②被害者とその子に対する面会の要求、監視の告知、乱暴な言動、無言電話・緊急時以外の連続する電話・FAX・メール送信などを禁止する「電話等禁止命令」、③配偶者に被害者とともに住む住居から退去することを命じる「退去命令」があります。配偶者が保護命令に違反した場合には、2年以下の懲役または200万円以下の罰金となります。

　これまで、保護命令の申し立ては、①被害者の配偶者からの身体に対する暴力を受けている者、②被害者の配偶者からの生命等に対する脅迫

配偶者暴力防止法の概要

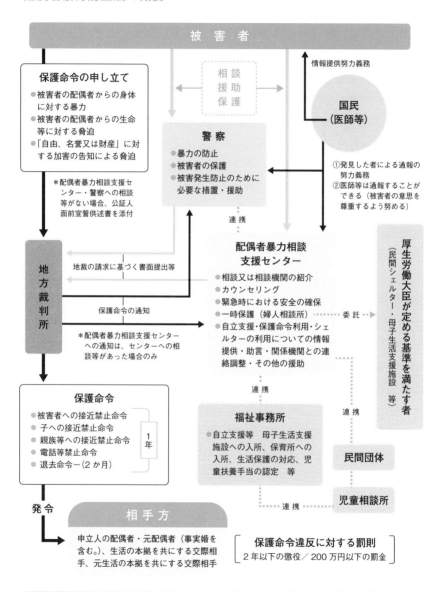

被害者

保護命令の申し立て
- 被害者の配偶者からの身体に対する暴力
- 被害者の配偶者からの生命等に対する脅迫
- 「自由、名誉又は財産」に対する加害の告知による脅迫

＊配偶者暴力相談支援センター・警察への相談等がない場合、公証人面前宣誓供述書を添付

相談 援助 保護

警察
- 暴力の防止
- 被害者の保護
- 被害発生防止のために必要な措置・援助

情報提供努力義務

国民（医師等）

①発見した者による通報の努力義務
②医師等は通報することができる（被害者の意思を尊重するよう努める）

地方裁判所

地裁の請求に基づく書面提出等

保護命令の通知

＊配偶者暴力相談支援センターへの通知は、センターへの相談等があった場合のみ

配偶者暴力相談支援センター
- 相談又は相談機関の紹介
- カウンセリング
- 緊急時における安全の確保
- 一時保護（婦人相談所）
- 自立支援・保護命令利用・シェルターの利用についての情報提供・助言・関係機関との連絡調整・その他の援助

委託

厚生労働大臣が定める基準を満たす者
（民間シェルター・母子生活支援施設 等）

連携

福祉事務所
- 自立支援等 母子生活支援施設への入所、保育所への入所、生活保護の対応、児童扶養手当の認定 等

連携

民間団体

児童相談所

保護命令
- 被害者への接近禁止命令
- 子への接近禁止命令
- 親族等への接近禁止命令
- 電話等禁止命令
- 退去命令－（2か月）

1年

連携

発令

相手方
申立人の配偶者・元配偶者（事実婚を含む。）、生活の本拠を共にする交際相手、元生活の本拠を共にする交際相手

保護命令違反に対する罰則
2年以下の懲役／200万円以下の罰金

※引用：内閣府 男女共同参画局 HP
（https://www.gender.go.jp/policy/no_violence/e-vaw/law/pdf/140527dv_panfu.pdf）より作成

を受けている者しか該当せず、暴言などによって心理的に追い込まれていても、身体的暴力や「殺すぞ」などの生命を脅かす言葉がなければ申し立てができませんでした。

2024年4月から保護命令制度の拡充・保護命令違反の厳罰化の改正がなされ、③「自由、名誉または財産」に対する加害の告知による脅迫を受けた者も保護命令の申し立てができるようになりました。つまり、「ここから出られないようにしてやる（自由に対する加害）」や「ネットや近所に晒してやる（名誉に対する加害）」といった暴言を受けた場合も申し立てができます。申し立ててから保護命令が出されるまでは、1～2週間程度とされています。

暴力によって怪我をした場合には、医療機関にかかり、医師の診断書を取ったり、治療をしたりしながらこれらの手続きを行う必要があるため、非常に労力がかかります。配偶者暴力相談支援センターや警察なども関係機関の協力を得て、1つずつ申請していきましょう。

次のステップ

・子どものみ保護したい場合⇒4-1、4-9

・離婚について相談したい場合⇒4-4

・医療にかかりたい場合⇒1-2

▼ **項目で扱っている範囲のチャート**

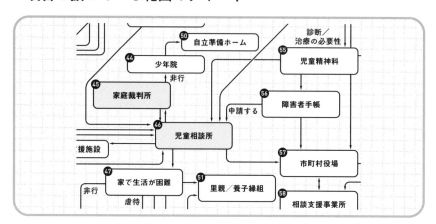

〔事例〕

　保護命令の申し立てから10日後、父親に接近禁止命令と電話等禁止命令の判断が下りました。恵美さんは、父親から母親への DV を目撃していたため、心理的虐待として児童相談所に通告され、虐待認定がなされました。そして母親は、定期的に児童福祉司と面談をすることになりました。恵美さんは、児童心理司と面談し、心理検査を実施しました。その結果、恵美さんの育てにくさの背景に発達の特性があること、父親からの暴言と母親への暴力によって情緒的な混乱が生じていることが伝えられました。そのため、児童精神科を紹介されました。児童精神科では、丁寧な問診のあと、「自閉スペクトラム症」の診断がでました。

　また母親は法テラスを用いて弁護士に相談しながら、家庭裁判所に離婚調停の申し立てを行いました。

▶ 児童相談所で働く人の特徴

194頁で児童相談所の役割について説明しましたが、それらの役割を遂行するために複数の専門職が対応にあたっています。児童福祉司、精神科を専門とする医師（嘱託も可）、児童心理司、心理療法担当職員、保健師が通常は配置されています。

児童福祉司は、児童福祉法に基づいて児童相談所に勤務する公務員です。任用資格であり、社会福祉学や心理学、教育学を学び、地方公務員試験に合格し、児童相談所に配置されることで名乗ることができます。児童相談所に来所する子どもの置かれている環境を調査し、援助指針を作成する役割を担っています。環境調査のために、子どもや保護者と面接をしたり、学校や行政などの関係機関と連携を取ります。

児童心理司は、子どもや保護者などの相談にのり、必要に応じて心理検査（208頁）を実施し、心理的アセスメントを行います。大学で心理学などを専攻し、児童福祉司同様、地方公務員に合格して児童相談所に配置されると名乗ることができます。相談内容などによって、児童福祉司と児童心理司のどちらが担当するかを決めたり、両方が連携して対応したりします。

これまで子どもを一時保護する職員と保護者の支援を行う職員は同じでもよいとされていましたが、児童福祉法の改正によって、2020年4月からそれらを分けることや医師と保健師の配置を義務化しました。また、弁護士からの助言・指導を常時受けられるように配置することが決められています。

また、児童相談所によって児童精神科や理学療法士、言語療法担当職員、臨床検査技師といった専門職を配置しているところもあります。配置されている専門職によって対応できることが異なるため、身近な児童相談所にどの職種が配置されているかを確認しておくとよいでしょう。

▶ 心理検査について

　心理検査とは、「知能」「発達」「パーソナリティ」「認知機能」「その他心理状態」などを測定するために、科学的手法に基づいて作られた検査です。心理検査は非常に多くの種類がありますが、それぞれの検査で測定できることは限られているため、その機能と役割、限界について理解したうえで、適切に用いる必要があります。誰にどの心理検査が必要かを心理職が判断し、実施することが多いでしょう。心理職としての主な資格は臨床心理士と公認心理師（46頁）ですが、児童心理司の場合はこれらの資格を取得していない方もいます。

　子どもの心理検査を実施できる場所は、児童相談所（194頁）、児童精神科（156頁）、市町村保健センター（150頁）、教育センター（229頁）、鑑別所（238頁）などいくつかあり、公的機関であれば無料で実施できます。しかし、心理検査を受けられることを公にしていなかったり、相談とセットであったり、紹介が必要だったりと、希望すれば誰でも受けられるわけではありません。そして、子どもの心理検査はどこも予約がいっぱいで、実施までに数カ月～1年の待機があることも珍しくありません。

　療育手帳（150頁）の申請など心理検査結果が必要なものもありますが、多くは心理検査をしなくても、子どもや家庭の困りごとを丁寧に聞き取ったり、行動観察を注意深く行うことで対応することができます。何のために心理検査を実施するのか、結果をどのように活用しようとしているのかを考え、医師や心理職と相談して実施を検討してください。

　各職種の専門性や心理検査や心理療法については拙著『メンタル不調本』を、自閉スペクトラム症の特徴や対応については拙著『相談援助本』を参照してください。

▶ 離婚について

　離婚には、夫婦の合意で成立する「協議離婚」と、家庭裁判所に申し

立てを行う「調停離婚」「審判離婚」「裁判離婚」があります。日本で離婚する夫婦の約90%が協議離婚といわれており、夫婦合意のもと市町村役場に離婚届を提出することで成立します。

しかし、離婚にあたっての親権（223頁）や慰謝料、財産分与などを記載する離婚協議書を作成していないことが多く、あとでトラブルに発展することもあります。離婚時に取り交わした約束が守られなかった場合、支払いを強制的に進めるには裁判所に請求手続きをすることになり、その際に離婚協議書は証拠資料として役立ちます。離婚協議書は夫婦で決めたことを書面に残し、両方の署名があれば効力を発揮します。

協議離婚ができない場合、まずは家庭裁判所で話し合いを行います。これを「離婚調停」といい、家庭裁判所に申し立てを行います。

離婚調停は、1回2時間程度で、夫婦が1人ずつ調査室に入り、調査委員に離婚の意思や離婚後の親権等の希望について伝えます。待合室も夫婦で分けられるため、離婚調停の場で配偶者に会う必要はありません。また、DV（200頁）などの事案の場合には、調停の前後やお手洗いなどで配偶者と出会わずに済むよう出頭時間をずらすなどの配慮をしてもらえる場合があります。配慮を求めたい場合には事前に家庭裁判所に伝えることが大切です。

また、調停申立所や提出書類には個人情報が多く記載されており、原則として相手方に送付されます。しかし、相手方に知られたくない場合には、「非開示希望申出書」を提出することで、非開示の判断が行われます。

離婚調停では必ず弁護士を立てなければいけないわけではありません。弁護士を立てた場合には、調停の場に弁護士に同席してもらうことができます。ただし、原則、弁護士を立てても本人は出席しなければなりません。

離婚調停は月1回程度、3〜6回くらいで終わります。合意が取れて離婚が成立すると、調停離婚成立となり、後日届く調停調書を持って、申立人が離婚届を提出します。ここでの話し合いに片方が出てこなかったり、歩み寄りの意思が見られない場合には調停不成立となり、離婚裁判

を提起することができます。

　離婚裁判は多くの場合、双方が弁護士を立て、離婚の可否や親権等の離婚条件を裁判官が判断します。離婚裁判には平均13.4か月かかるという報告があります。離婚調停で離婚を成立させるのが相当と判断した場合には、裁判所の職権で審判に移行して裁判官が離婚の判断を下す審判離婚となります。

・夫婦合意のもと離婚届を提出する協議離婚が90％を占める
・協議離婚の際は離婚協議書を作成しておくとよい
・協議離婚できない場合には離婚調停の申し立てを行う
・離婚調停で不成立となった場合に離婚裁判を提起することができる

▶ 家庭裁判所調査官について

　家庭裁判所が扱う家庭内の紛争である「家事事件」や非行少年の処遇を決める「少年事件」で、事実の調査や環境調整を行う職員は、「家庭裁判所調査官」という国家公務員です。

　離婚調停で親権（223頁）が争われる際、子どもが10歳以上の場合は子どもの意向が重視される傾向にあり、子どもの真意を確認するために裁判官が必要とみなせば家庭裁判所調査官に依頼がなされます。親権争いが激しくなりそうな場合や、裁判所が判断に迷う場合に依頼されることが多いようです。

　家庭裁判所調査官は裁判所内の児童室や家庭訪問、学校などで子どもと直接会って話をしたり、心理検査（208頁）を実施したりします。また、保護者や学校・園などの関係機関にも聞き取りを行います。離婚長調停の段階で調査が行われていても、離婚裁判になると改めて調査を実施します。

離婚後、親権をもたない親が定期的に子どもと会う「面会交流」について夫婦の意見が激しく対立している場合に、家庭裁判所調査官立ち合いのもとで面会交流を試験的に行い、その交流の様子を観察し、面接交流の適否、交流方法の整理などを行うことを「試行的面会交流」といいます。裁判所内の児童室は壁の一部がマジックミラーになっていたり、観察モニターが設置されており、外から中の様子が観察できるようになっています。家庭裁判所調査官は、子どもの福祉を大切にするための役割を担っています。

▶ 日本司法支援センター（法テラス）について

　借金や離婚、労働問題、相続、労働問題など法律に関わるトラブルを抱えていても、「どこに相談したらいいかわからない」「弁護士相談は高くて気軽に相談できない」という場合には「日本司法支援センター（法テラス）」を利用しましょう。法テラスは、国（法務省所管）が設立した、法的トラブルを解決するための総合案内所です。法テラス・サポートダイヤル「0570-078374（おなやみなし）」（通話料は有料）や全国の法テラスで、問い合わせ内容に応じて解決に役立つ法制度を紹介したり、弁護士会、司法書士会、地方公共団体、消費者団体など適切な相談窓口を案内してくれます。

　法テラスの業務には、情報提供、民事法律扶助、犯罪被害者支援などがあります。「情報提供」では、相談内容に応じて解決に役立つ法制度や適切な相談窓口の情報を提供してくれます。電話やメール、面談で対応してくれ、無料で相談することができます。

　「民事法律扶助」は経済的に余裕のない方に、無料の法律相談や弁護士・司法書士費用等の立替えを行う制度です。この制度を使うためには収入や資産の額が一定額以下である必要がありますが、弁護士や司法書士による無料相談を1回30分、同じ問題について3回まで相談することができます。

　また、無料法律相談の結果、裁判や調停等が必要になった場合、審査

のうえで、その費用を法テラスで立て替えてくれます。立て替えた費用に利息はつかず、原則として毎月決められた額を分割して返済することができます。生活保護を受けている方の場合には返済を猶予し、事件終了後に免除できる場合もあります。犯罪被害にあった方やその家族の方への弁護士費用等の援助制度もあります。まずは先述した番号に電話をするか、法テラスのHPから問い合わせをしましょう。

弁護士費用は、相談料・着手金・報酬金・実費などの項目に分類できます。それぞれにかかる費用は事務所や案件によっても異なりますが、最初の相談料は30分〜1時間あたり5,000円程度が多いようで、初回無料にしているところも増えてきています。何にいくらかかるかは初回で確認しましょう。弁護士も相性がありますので、法テラスでの相談と併せて信頼できる弁護士を見つけましょう。

法テラスで押さえておきたいこと

- ・法的トラブルを解決するための総合案内所
- ・弁護士や司法書士による無料相談を1回30分、同じ問題について3回まで相談することができる
- ・裁判や調停費用を立て替えてくれる

次のステップ

- ・障害児の子育てについて相談をしたい場合⇒3-6
- ・学校での支援について検討したい場合⇒3-7、4-5
- ・ひとり親家庭について相談したい場合⇒4-4
- ・教育に関する相談をしたい場合⇒4-7
- ・地域での見守りをしてほしい場合⇒4-8

4-4 ひとり親家庭に対する金銭的サポートと就労

▼ 項目で扱っている範囲のチャート

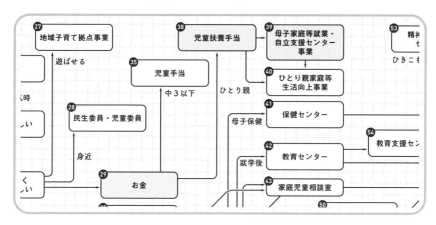

事例

　　母親は、母子生活支援施設に入所すると同時に児童扶養手当の申請を行いました。また、小学校では就学援助制度を申請しました。自身名義の通帳口座にわずかな預金があったため、母子家庭等就業・自立支援センター事業を活用しつつ、母子支援員の支援も受けながら、就職に向けた準備を行いました。

▶ 児童扶養手当の特徴とは？

　児童扶養手当は、次のいずれかの条件にあてはまる子どもを監護している父または母、その父母に代わって子どもを養育している人が受給できます。子どもが18歳に達する日以後最初の3月31日まで受給すること

ができ、子どもに障害がある場合には20歳未満まで受給することができます。

・父母が婚姻を解消した児童
・父または母が死亡した児童
・父または母が政令で定める程度の障害の状態にある児童
・父または母の生死が明らかでない児童
・父または母から引き続き1年以上遺棄されている児童
・父または母が裁判所からの DV 保護命令を受けた児童
・父または母が法令により引き続き1年以上拘禁されている児童
・母が婚姻によらないで出産した児童

　恵美さんのように DV で保護命令を受けた児童は、両親の離婚が成立していなくても受給の対象となります。また、児童手当（143頁）も、母子生活支援施設（202頁）や婦人保護施設に入所している場合や、子どもに対する接近禁止命令が出ている場合などには、受給者を変更できます。

　児童扶養手当と同じ対象の子どもの家庭は、子どもが18歳までの間「ひとり親家庭等医療費助成制度」を受けることができ、医療費の自己負担額を軽減できます（所得制限あり）。自治体によって助成額は異なります。市町村役場に申請し、医療証を交付してもらい、医療機関に提示します。

▶ 母子家庭等就業・自立支援センター事業について

　母子家庭の母に対して、就業相談から就業支援講習会の実施、就業情報の提供等、一貫した就業支援サービスの提供とともに、弁護士等のアドバイスを受け、養育費の取り決めなどの専門的な相談を行う「母子家

庭等就業・自立支援センター事業」があります。これは、都道府県・政令指定都市・中核市が実施主体です（母子福祉団体等への委託が可能）。

　就業支援講習会では、託児所を準備したり、児童扶養手当現況届受付期間内に就労支援セミナーを開催したりと、参加しやすく工夫しています。就業相談では、個別面談を行って状況や課題を把握し、自立支援プログラムを作成します。この支援プログラムに基づいてハローワーク（75頁）と連携し、公共職業訓練（39頁）の受講やトライアル雇用（58頁）、就労自立促進事業の活用なども行います。離婚前にも離婚後の生活や離婚調停（209頁）についての相談なども行えます。

　ひとり親家庭の交流会や子どもの学習支援などは市町村が主体となり、ひとり親家庭等生活向上事業（225頁）を実施しています。

▶ 自立支援教育訓練費などの特徴とは？

　清水さんが資格やスキルアップを希望した場合には、「自立支援教育訓練費」や「高等職業訓練促進給付金」を受給することができます。「自立支援教育訓練費」は、ひとり親家庭の母または父が、就職やキャリアアップのために指定された教育訓練講座を受講して修了した場合に、受講費用の一部が支給されます。対象は、ひとり親であることと、児童扶養手当の支給を受けている方と同様の所得水準にあり、就業経験、技能、資格の取得状況や労働市場の状況などから判断して、当該教育訓練が適職に就くために必要であると認められる方です。

　雇用保険の教育訓練給付金（39頁）の受給資格がない方は、指定講座の受講者が受講のために支払った費用（入学金及び受講料）の60％に相当する額が支給されます。ただし、その60％に相当する額が20万円を超える場合の支給額は20万円となり、12,000円を超えない場合は支給されません。また、専門実践教育訓練給付金（40頁）の指定教育訓練講座を修了した場合は、20万円を40万円に読み替えます。雇用保険の教育訓練給付金の受給資格のある方も、差額が12,000円を超えた場合には併給することができます。

「高等職業訓練促進給付金」は、ひとり親の方が資格取得を目指して修業する期間の生活費を支援する制度で、児童扶養手当の支給を受けているか同等の所得水準にあるひとり親で、養成機関において6か月以上のカリキュラムを修業し、対象資格の取得が見込まれる方となります。対象資格は、看護師や保育士、理学療法士など就職に有利なものです。

訓練期間中、月額10万円（住民税課税世帯は月額70,500円）が支給され、訓練修了後、5万円が支給（住民税課税世帯は25,000円）されます。さらに、訓練を受けている期間の最後の1年間は支給額が4万円増額されます。いずれも市町村役場に問い合わせてください。

▶ 償還免除付のひとり親家庭住宅支援資金貸付について

「償還免除付のひとり親家庭住宅支援資金貸付」は、自立に向けて意欲的に取り組む児童扶養手当を受給しているひとり親世帯などに、月上限4万円×12か月を貸付できる制度です。1年就労継続なら一括償還が免除されます。就労が決まるまでの間や子どもの進学などで出費がかさむときなど、一時的に貸付が必要なときに利用するとよいでしょう。

また、ひとり親で所得など一定の条件を満たす場合には「ひとり親控除」の対象となり、税金が安くなります。対象となるかは市町村役場に確認しましょう。

▶ 養育費等相談支援センターについて

親（扶養義務者）と同じ水準の生活を子ども（被扶養者）にも保障しなければならない義務を「生活保持義務」といい、未成年の子どもに対しては両親が生活保持義務を負います。そのため「養育費」は親が子どもに自分と同程度の生活をさせるための費用となり、子どもに対して支払われるべきものになります。

離婚に際して親権者（223頁）でなかったとしても、法律上の親子関係は残るため子どもを養育する義務があり、かつ、親の生活水準と子ど

もの生活水準を同程度にすることを実現すべきものとなります。そのため、離婚して子どもの生活水準が著しく下がらないよう養育費の金額を設定する必要があります。

養育費は子どもに必要がある限りいつでも請求できますが、離婚時に取り決めをしておかないと、その後の請求は難航します。養育費の取り決めは、夫婦の話し合いや家庭裁判所の調停や審判、裁判などで決めることができます。協議離婚（208頁）の際に作成する離婚協議書を公正証書（強制執行認諾条項つき）によって作成しておくと、費用はかかりますが不払いが生じた際に、強制執行（差し押さえ）を行う手続きがスムーズになります。しかし自営業のように給与などの差し押さえが難しい方の場合には結局回収は困難なため、相手の資産や職業、財産分与の金額などによって離婚協議書の作成方法を検討するとよいでしょう。公正証書は公正役場に行くことで作成できます。

母子家庭等就業・自立支援センター事業や法テラスを利用したうえで、さらに養育費や親子交流の相談が必要な場合には「養育費等相談支援センター」を頼りましょう。母子家庭等就業・自立センター等で研修を行ったり、広報活動も行っているため、研修や広報資料が必要な場合に問い合わせるのもよいでしょう。

次のステップ

・預金がない場合⇒2-9
・子どもの学習が心配な場合⇒3-7、4-5

4-5 学校における特別支援の方法

▼ 項目で扱っている範囲のチャート

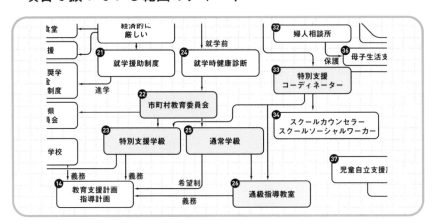

事例

　恵美さんは、母子生活支援施設から通える小学校に転校しましたが、教室内で落ちついて学習することが困難な様子が見られたため、1年生の終わりに母親と担任、特別支援コーディネーターとで面談を行い、2年生の1学期から通級指導教室の利用を開始しました。

　恵美さんは通級指導教室での学習を楽しみにするようになりました。一方、教室では落ちつかない様子が続き、気持ちが高ぶって切り替えが難しいときには保健室でのクールダウンが必要でした。

　そうした様子から、恵美さんは支援学級に在籍したほうがよいのではないかと提案され、2年生の3学期から特別支援学級へのお試しが開始され、恵美さんも支援学級がよいと話したことから、3年生には特別支援学級に転籍することになりました。

▶ 特別支援コーディネーターの特徴とは？

学校内にいる特別支援教育の中心となる教員を「特別支援教育コーディネーター」といいます。

特別支援教育コーディネーターは、各学校における特別支援教育の推進のため、主に、校内委員会・校内研修の企画・運営、関係機関・学校との連絡・調整、保護者の相談窓口等の役割を担います。これは、文部科学省が出した「今後の特別支援教育の在り方について（最終報告）」（平成15年3月）のなかで、今後の特別支援教育を支える機能の1つとして位置付けられています。

▶ 通常学級と通級指導教室の特徴とは？

173 〜 174頁で、学校や学級の違いについて説明し、小学校に入学する際に学校や学級をどのように決定するかを説明しました。そこでも記したように、就学後に学校や学級を変えることは可能です。

恵美さんのように、学習状況や学校生活での様子などを総合的に考え、学年が上がるときに転籍・転校することもあります。学校によっては、転籍をする前にお試しで特別支援学級を利用できることもあります。特別支援学級の在籍人数などにもよりますので、学校と相談してください。

通常学級は、小学校では1クラス35人、中学校では1クラス40人が在籍します。そのため集団行動を学びやすく、多くの友だちと関わることができます。一方、刺激が多かったり、個別対応はしてもらいにくいため、大人数の教室が子どもにとってメリット・デメリットのどちらになりやすいかを考える必要があります。

「通級指導教室」は、通常学級に在籍しながら、個別指導を行う方法です。コミュニケーションの方法や漢字の読み書きなど、子どものつまずきをサポートします。通級指導教室で学べる時間は学校教育法施行規則

に規定されていますが、実際は週1時間程度のところが多いでしょう。

　学内に通級指導教室をもっている学校（通級指導教室設置校）もあれば、通級指導教室設置校に通わなければいけない学校もあります。通う場合には、保護者が送迎できなければならなかったり、自力で通う力が必要だったり等、条件が課される場合もあります。公共機関を利用する場合には、特別支援教育就学奨励費（176頁）を使うことができます。

通級指導教室で押さえておきたいこと

・通常学級に在籍しながら個別指導を行う
・通級指導教室設置校と、そこに通わなければいけない学校とがある

　特別支援学級や通級指導教室に在籍している子どもに作成が義務づけられている個別の教育支援計画や個別の教育指導計画については、177頁を参照してください。

　恵美さんのように通常学級に在籍しつつも個別指導が必要だと感じられる場合、まずは通級指導教室を利用することで、個別指導がどれくらい役に立つのかを確認するのもよいでしょう。

▶ 特別支援教育支援員の特徴とは？

　小・中学校に在籍する、発達障害を含む障害のある子どもたちへの適切な支援が求められていますが、教師のマンパワーだけでは十分な支援が困難な場合があります。こうした状況に対応できるように国は地方財政措置を行い、各自治体の状態に応じて「特別支援教育支援員」を配置できるようにしました。

　特別支援教育支援員は、小・中学校において校長、教頭、特別支援教育コーディネーター、担任教師と連携のうえ、食事、排泄、教室移動の補助といった学校における日常生活上の介助や、LD（学習障害）の児

童生徒に対する学習支援、ADHD（注意欠如・多動症）の児童生徒に対する安全確保などの学習活動上のサポートを行います。

特別支援教育支援員は、地域によって活用方法や呼び方が大きく異なります。「学習支援員」や「学校生活介助支援員」といった名称で呼ばれているところもあります。

各教育委員会等が特別支援教育支援員を配置するためには、各自治体に対し、障害のある児童生徒への支援のために特別支援教育支援員が必要な理由や人数、予算額、必要な人員を配置するための具体的な計画等について説明し、理解を得ることが必要です。より詳細は、文部科学省が作成した『「特別支援教育支援員」を活用するために』を参照してください。

次のステップ

・障害児の子育てについて相談をしたい場合⇒3-6
・学校での支援について検討したい場合⇒3-7
・放課後の過ごし方について知りたい場合⇒3-8
・学校にかかるお金の支払いが厳しい場合⇒4-6
・地域での見守りをしてほしい場合⇒4-8

▼ **項目で扱っている範囲のチャート**

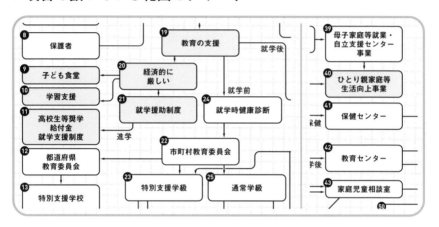

事例

　恵美さんが3年生になるころ、母親は就職を決めたため、同じ小学校校区内のマンションに転居しました。また、両親の離婚が成立し、恵美さんの親権は母親がもつことになりました。そして恵美さんは、学校のあとは放課後等デイサービスに通うようになりました。

　母親は仕事を始めたものの、母子が生活していくうえで余裕があるとは言い難い収入であったことから、恵美さんは、地域の子ども食堂で食事をとったり、無料で勉強を教えてもらえる学習支援も活用していました。

▶ 親権の特徴とは？

「親権」とは、子どもの利益のために監護・教育を行ったり、子の財産を管理する権限であり義務です。父母が婚姻中は父母の双方が親権者となり、共同して親権を行使することになります。しかし、父母が離婚した場合、父母のどちらかに親権を指定して離婚届に記載する必要があります。そのため、親権者を決めなければ離婚することはできません。

親権には「財産管理権」と「身上監護権」があります。財産管理権は、子どもの財産を管理する権利義務のことをいいます。また、未成年者は1人で契約などの法律行為がをできないため、親権者の同意が必要です。身上監護権は、子どもを心身ともに健全な大人に養育するために認められる権利・義務のことで、子どもを実際に養育する権利となります。

協議離婚（208頁）の際、親権を財産管理権と身上管理権に分けることができます。そして身上管理権を取得したほうを「監護権者」といいます。戸籍上の親権者は財産管理権を取得したほうの親となりますが、実際に子どもと一緒に生活して養育をするのは監護権者になります。

たとえば、父母が子どもを養育することが難しい場合には、監護権者を祖父母にするなど父母以外にすることも可能です。監護権者を親権者と分ける場合には、離婚協議書（209頁）に必ず書く必要があります。

また、離婚後に親権を取った親が子どもを虐待していることがわかった場合などに、監護権を変更することができます。父母が話し合って変更となった場合には手続きは不要ですが、話し合いに至らなかった場合には、まず家庭裁判所に調停の申し立てを行います。調停で合意に至らなかった場合には、自動的に審判に移行し、裁判官が判断を下します。

親権者変更は、必ず家庭裁判所に調停または審判を申し立てなければなりません。そのため虐待などにより、子どもの養育場所を速やかに変更したいという場合には、監護権の変更を申し出ることも1つの方法です。親権は渡したくないけど、子どもを適切に養育することは難しいという場合にも、監護権のみ変更するのであれば合意が取りやすいことがあります。

・親権には「財産管理権」と「身上監護権」とがある
・「監護権者」は実際に子どもと一緒に住み、養育する
・監護権者を親権者と別にすることができる

▶ 親権喪失や親権停止などについて

　恵美さんのように父親から虐待を受けていた場合、親権は母親になるでしょう。そして万が一、離婚後に母親が恵美さんに虐待を行ったときには、虐待をしていた父親に親権者や監護権を変更することはできません。その場合には、次の対応が検討されます。

　親権は子どもの利益のために行使されるべきものであるため、児童虐待（200頁）など子どもの利益を行使していないと認められた場合には、その不適当度合いや子どもの利益への害の大きさなどに応じて、親権者の財産管理権を奪う「管理権喪失」、親権者の親権の行使を一時的に停止する「親権停止」、親権者から親権を奪う「親権喪失」が、裁判所の判断によって認められると民法に定められています。

　親権喪失や親権停止、管理権喪失となった場合には、未成年後見人が選任され、親権者代わりとなります。親権停止の当の申し立ては、子ども本人、子の親族、未成年後見人、児童相談所長などができます。

　一時保護（195頁）や児童養護施設（242頁）等への施設措置などが妥当な場合、その必要性や妥当性について児童相談所は親権者に説明し、できる限り理解を得ることが望ましいとされています。しかし、理解が得られず、親権者の意向に沿ったら子どもに不利益を与える場合や、親権者が児童相談所職員に対して暴行や脅迫、迷惑行為を行った場合には、面会・通信の制限や子どもへの接近禁止命令を行い、それでも改善がされない場合には、児童相談所長が親権制限の審判を請求することになります。

ちなみに、親権者が再婚した場合には、新しい配偶者と子どもとが養子縁組（246頁）することが一般的です。養子縁組が成立すると、親権者と新しい配偶者の共同親権となります。

　恵美さんの母親が再婚した場合、恵美さんは母親の再婚相手と養子縁組することができ、養子縁組が成立すると、母親と養父が恵美さんの共同親権者になります。この場合、恵美さんの扶養義務者は母親と養父になるため、実父からの養育費は受け取れなくなる可能性が高いでしょう。恵美さんと養父が養親縁組をしなかったり、養父がお金を稼げないときなどは、原則、実父は養育費を支払わなければなりません。

▶ ひとり親家庭等生活向上事業について

　ひとり親家庭等が抱える問題の解決に向けた相談、講習会の開催、ひとり親家庭の交流等を行うほか、ひとり親家庭のこどもの生活習慣の習得支援や学習支援等を行う事業として「ひとり親家庭等生活向上事業」があり、次の5つを行っています。

①相談支援事業：育児や家事、健康管理等の相談に応じ、必要な助言・指導や情報提供等を行う

②家計管理・生活支援講習会事業：家計管理、育児や養育費の取得手続等に関する講習会の開催や個別相談を行う

③学習支援事業：高等学校卒業程度認定試験の合格等のために学習支援を実施

④情報交換事業：ひとり親家庭が互いの悩みを打ち明けたり相談し合う場を設ける

⑤短期施設利用相談支援事業：短期間の施設利用による子育てや生活一般等に関する相談や助言、施設入所に関する福祉事務所等関係機関との連絡・調整

また、ひとり親家庭や低所得子育て世帯等の子どもに対し、放課後児童クラブ（179頁）等の終了後に、児童館（145頁）・公民館・民家やこども食堂等において、悩み相談を行いつつ、基本的な生活習慣の習得支援、学習支援や食事の提供等を行う「子どもの生活・学習支援事業」もあります。

　ひとり親家庭等生活支援事業では、ひとり親家庭の自宅にヘルパーを派遣し、調理や洗濯、掃除などの家事や子どもの食事や入浴の介助などの「生活援助」と、保育施設で一時的に子どもを預かる「子育て支援」を実施しています。

　これらは自治体独自の取り組みで、子どもの生活・学習支援事業では、ボランティアによる学習指導や受験生対象の進路相談会や受験対策を実施していたりします。詳細については、市町村役場に設置されている「ひとり親支援の相談窓口」に問い合わせてください。生活困窮者自立支援制度（103頁）対象者と一緒に実施しているところもあります。

▶ 子ども食堂について

　地域で食事を提供する活動は古くから存在していましたが、2012年に東京都で「子ども食堂」が設置され、「子どもが1人でも安心して来れる無料または低額の食堂」としました。東京都での活動がメディアで報道されたこともあり、全国で爆発的に増え、その数は2022年には9,131か所となっています。

「子ども食堂」という名称ですが、子どもだけでなく、大人や高齢者など地域の誰もが参加できるようにしているところが多いでしょう。地域住民のボランティアや民間団体が行っているところが多く、子ども食堂を通じて経済的困窮への対応だけでなく、地域と子ども・保護者をつなぐ役割も担っています。

　恵美さん母子のように、DVから避難してきた家庭の場合には、誰も知らない地域に転居することも珍しくなく、また避難したことによって経済的困窮に陥ってしまうこともあります。そうした家庭にとって、地

域とのつながりをもつことができ、欠食や孤食を避けることができる子ども食堂はありがたい存在でしょう。地域にある子ども食堂へ行きたい人、手伝い人は「こども食堂ネットワーク」のHPを見たり、市区町村社会福祉協議会（69頁）に問い合わせたりしてください。

▶ 就学援助制度について

学校教育法において、「経済的理由によって、就学困難と認められる学齢児童生徒の保護者に対しては、市町村は、必要な援助を与えなければならない」とされており、「就学援助制度」が設けられています。

就学援助の対象は公立の小中学校に通う子どもがいる家庭で、生活保護を受給している「要保護者」と市町村が困窮していると認める「準要保護者」に分かれます。要保護対策地域協議会（196頁）で見守る「要保護児童」とは名称が似ていますが、まったく異なるため注意が必要です。

この制度では、ノートや鉛筆などの学用品や給食費等に必要な費用の一部を支給します。支給金額は、学年によって修学旅行費が加わるなど異なります。要保護者は、学用品や給食費は生活保護費から支給されるため、重複のない修学旅行費など一部のみの支給となります。

毎年決められた期間、就学援助費受給申請書を学校で配布されるため、必要事項を記入して在籍校か教育委員会、市町村役場に提出しなければなりません。多くの場合4〜5月ごろになりますので、申請もれがないよう気をつける必要があります。ただし、離婚や死別、失業などの事情により年度途中に収入が著しく減収した場合には、特別事情として申請期間外でも審査されます。

支給金額は保護者の口座に振り込まれますが、保護者の同意を得られれば、修学旅行費や給食費など必要な金額を学校に直接振り込む仕組みを設けている自治体もあります。

就学援助制度で押さえておきたいこと

・公立の小中学校に通う子どもがいる家庭で、生活保護か困窮していると認められた者が対象
・学用品や給食費、修学旅行費に必要な費用の一部を支給する制度

　高校生の場合は、授業料に充てるための就学支援金として「高等学校等就学支援金制度」があります。国立・私立問わず、高等学校等に通う所得等要件を満たす世帯の生徒に対して支給されます。

　受給するためには、入学時の4月に必要書類を学校やオンラインで提出します。支給期間や支給限度額は、通う学校や課程によって異なります。一覧は文部科学省のHPで確認できます。

　また、保護者の失業や倒産などの家計急変により収入が激減して低所得となった世帯に対し、収入の変動が就学支援金の支給額に反映されるまでの間、就学支援金の同等の支援を行う制度として「高校生等への修学支援」があります。さらに、高校生の授業料以外の教育費負担を軽減するために、低所得世帯を対象に「高校生等奨学給付金」が支給されます。世帯所得や学校・家庭によって支給される金額は異なります。これらの詳細は都道府県によって異なるため、手続き等は学校または学校の所在する都道府県教育委員会に問い合わせる必要があります。

　こうした制度を知っておくことで、進路選びのサポートとなるでしょう。学校・課程など進路に関する相談については、拙著『相談援助本』を参照してください。

次のステップ

・子育てについて相談をしたい場合⇒3-2、4-1
・障害児の子育てについて相談をしたい場合⇒3-6
・子どもが不登校になった場合⇒4-7
・地域での見守りをしてほしい場合⇒4-8

4-7 不登校児に対する サポート

▼ 項目で扱っている範囲のチャート

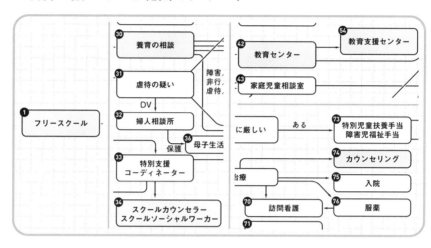

事例

その後、恵美さんは順調に小学校生活を送っていましたが、中学校に進学してしばらくすると、友達とのトラブルをきっかけに登校することが難しくなりました。

そのため、特別支援コーディネーターや担任と話し合いを行い、教育支援センターと放課後等デイサービスを使うことによって、日中活動の場と学習の機会を確保することにしました。

また、恵美さんは教育センターでのカウンセリングも受けるようになりました。

▶ 市町村教育センターの特徴とは？

　市町村教育委員会は、教育長と4人の教育委員によって構成され、市町村の教育の現状と課題に基づいて基本計画を定めます。基本計画に則った業務を行うために、教育委員会事務局が置かれ、それぞれの役割を実行します。多くの方が指す「教育委員会」は、「教育委員会事務局」であることが多いでしょう。教育委員会事務局は、教員や市町村役場職員が異動によって配置されます。

　「市町村教育センター」は、教育委員会事務局のなかにあり、教育に関する専門的・技術的事項の研究および調査を行い、併せて教育関係職員の研修を行うための機関です。市町村教育センターのなかに、「教育相談」機能があり、相談を受けつけています。

　教育相談の実施内容は各自治体によって異なりますが、概ね小学1年生から中学3年生の子どもとその保護者に対し、教育に関する相談を受けつけています。心理カウンセリングについて学んだ教員や、臨床心理士・公認心理師（46頁）などが配置されており、教育相談や心理カウンセリングを実施します。幼児期や高校生を対象としているところもあり、低年齢の子どもの場合には、プレイセラピーという遊びながら子どもの心をケアする心理療法が用いられます。

　相談内容は、いじめや不登校、親子関係、学習、学校との関係など様々です。自治体によっては、心理検査（208頁）を実施していたり、言語聴覚士（ST）を配置して吃音や発音に関する相談を実施しています。小・中学校との連携が取りやすく、状況によって連携やケース会議などが行われます。

▶ 不登校になった場合に活用したい場所

　学校に行けなかったり、教室に入れない子どもに対し、学校以外の場所で基礎学力の補充や基本的な生活習慣の改善などを目指す場が「教育

支援センター（適応指導教室）」です。教育委員会が設置・運営しているため、教育センターに併設されているところも多いでしょう。

　教育支援センターは、基本的には在籍校の学校長を通じて申し込みます。小学1年生から中学3年生までの子どもが利用できますが、教育支援センターまで自力で通う必要があることから、小学生の利用は難しいことも多いようです。市町村の規模によって教育支援センターの設置数は異なりますが、中学校よりも少ない数であるため、複数の小・中学校の異なる学年の子どもが通っています。

　開所は学校と同じです。基本的には学校と同じように通うことを目指しますが、子どもの状態に合わせて利用方法を検討します。個別学習の時間、好きなことをする時間、集団活動の時間などが設定されています。また、年に数回は課外活動やイベントなども開催しています。

　学校復帰を目指す施設のため、教育支援センターの職員は子どもの在籍校と常に連絡を取り合い、定期試験や学校行事への参加について子どもと相談します。また、学年を越えて利用する場合にも、年度はじめの4月には一度在籍校に戻り、担任や管理職と教育支援センターの利用について話し合うところも多いでしょう。

教育支援センターで押さえておきたいこと

・学校以外の場所で、基礎学力の補充や基本的な生活習慣の改善などを目指す場
・学校に行けなかったり、教室に入れない小・中学生が利用
・校長の許可が必要で、学校復帰が目的

　近年では、学校内に「校内適応指導教室」と呼ばれる場所を設置しているところが増えています。空教室を活用して、教室に入れない子どもが通える場所としています。

　校内にあるため、教育支援センターよりも通いやすく、給食を食べることもできます。校内適応指導教室在籍の職員を配置していますが、担

当教員が空き時間や放課後に勉強を教えたり、プリントなどを渡すことができ、限られた時間のみ教室に行くこともしやすいでしょう。休み時間は友達と過ごすこともできます。

▶ フリースクールの特徴とは？

学校から遠ざからないように、まずは校内適応指導教室を利用し、それでも難しい場合には教育支援センターや「フリースクール」の利用を検討することが多いでしょう。また、教育支援センターやフリースクールから学校復帰の前段階として校内適応教室に通う子もいます。

フリースクールは、学校に行くことができない子どもに対して学習や生活などの支援を提供する民間の教育施設です。NPO法人やボランティア団体などが運営しています。週5日開講していますが、子どものペースに合わせて利用でき、対象年齢や実施内容は事業所によって大きく異なります。高校生や社会人を受け入れているところもあります。

個別の学習支援を行っている場所が多いようですが、農業体験などの自然体験や調理体験、工作体験など、子どもたちが情緒豊かに活動できるようなプログラムを事業所ごとに設定しています。職員は元教員がいることもあったり、心理職や福祉職の資格をもった職員が在籍し、カウンセリングを受けられるところもあったりします。教育支援センターは学校復帰が目的ですが、フリースクールの目的は1人ひとり異なります。学校との連携は、子どもが希望すれば実施します。

フリースクールでは入会金や授業料が必要です。月1万円〜5万円のところが多いようですが、なかには月5万円を超えるところもあります。教育支援センターや校内適応指導教室は無料で利用できます。

また、教育支援センターや校内適応指導教室は利用に際して担任や校長の許可が必要ですが、フリースクールは保護者と子どもが自由に決めることができます。

さらに、教育支援センターや校内適応指導教室に出席すると出席扱いになりますが、フリースクールは小・中学生が対象となっており、一定の要件を満たしたうえに校長が認めなければ出席扱いになりません。出席率が受験に影響することが心配な場合は、出席が認められるフリースクールを学校に問い合わせておくとよいでしょう。

> ・学校に行くことができない子どもが利用する
> ・入学金と授業料がかかる
> ・出席扱いになるかは学校に確認が必要

　学校や教室に行くことが難しくなった場合、学校への抵抗がどれくらいあるかや経済状況、子どもが求めることなどを確認し、子どもの居場所を確保することが大切です。恵美さんのように放課後等デイサービスを日中活動の場にするのもよいでしょう。学校によっては保健室登校や放課後登校など柔軟に対応してくれることもあります。

　そうした調整について、担任だけでなく特別支援コーディネーター（219頁）や「スクールソーシャルワーカー（SSW）」に相談するのもよいでしょう。学校に通える場合には、相談の場として「スクールカウンセラー（SC）」を活用するのも1つの方法です。スクールカウンセラーは本人の相談だけでなく、保護者の相談にも対応しています。

　また、メンタル不調（17頁）が強い場合には、児童精神科（156頁）を受診し、服薬やカウンセリングなど、治療方法を相談するとよいでしょう。スクールカウンセラーや教育相談は無料ですが、医療機関でのカウンセリングは有料です。

　さらに外に出る機会や人と会う機会が少ない子どもの場合には、医師と相談して訪問看護（96頁）を利用するのも1つです。訪問看護の方が来ることで、着替えなどの身だしなみを整えることになり、自宅で短い時間お話することから始められます。

カウンセリングが受けられる場所や内容については、拙著『メンタル不調本』を参照してください。

▶ スクールカウンセラーとスクールソーシャルワーカーについて

　スクールカウンセラーは、臨床心理士や公認心理師（46頁）、学校心理士などの心理学の専門資格をもつ方が採用されやすく、子どもや保護者の心のケアを行い、教職員に対して心理アセスメントに基づいた助言や情報提供を行います。スクールソーシャルワーカーは、社会福祉士や精神保健福祉士などの社会福祉学の専門資格を持つ方が採用されやすく、虐待や貧困家庭など福祉的支援が必要な子どもが置かれている環境に働きかけ、関係機関等とのネットワークや学校内におけるチーム体制を構築します。

　どちらも教育委員会が雇用している非常勤職員であることが多いでしょう。そのため、各校に週1日程度かそれ以下の出勤となります。中学校区に1人しか配置していないところでは、中学校と校区内の小学校を順番に回るため、月1回程度の出勤になることもあります。いずれも配布されるお便りなどに申し込み方法が記載されています。

　スクールソーシャルワーカーには、学校に出勤する配置型と、教育委員会に出勤して要請のあった学校に派遣される派遣型があります。派遣型は、必要なときに教員が教育委員会に派遣要請を行い、主に学内でのケース会議で助言や情報提供をします。

スクールカウンセラーとスクールソーシャルワーカーの特徴

- スクールカウンセラーは心理の専門家で、スクールソーシャルワーカーは福祉の専門家
- スクールソーシャルワーカーには派遣型と配置型がある

次のステップ

・希死念慮を訴えたり、家にひきこもった場合⇒2-1
・虐待について相談したい場合⇒4-1
・非行について相談したい場合⇒4-8

4-8 非行少年に対する サポート

▼ 項目で扱っている範囲のチャート

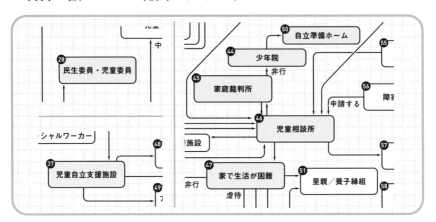

事例

　恵美さんは、中学2年生の2学期頃から次第に教育支援センターに行かなくなりました。そして児童委員から学校に、恵美さんらしき人物が日中、ゲームセンターで他校の生徒らとたむろしていると報告が入りました。担任が母親に連絡を取りましたが、母親も日中の恵美さんの様子を把握できておらず、最近は反抗期で会話もしたがらないということでした。それから数日後、警察から母親のもとに連絡が入りました。恵美さんが他校の生徒らと火遊びをしており、それが民家に燃えうつったということで、児童相談所に一時保護になっているとのことでした。

　その後、恵美さんは、児童相談所から家庭裁判所に送致され、観護措置決定となって少年鑑別所に入りました。家庭裁判所によって児童自立支援施設送致の処

236

遇となりました。そして、高校進学と同時に自宅に戻り、アフターケア事業所を活用しながら過ごしています。

　※架空事例であり、審判の結果については実際の事例と異なります

▶ 民生委員・児童委員について

　民生委員は、民生委員法に基づき、厚生労働大臣から委嘱された非常勤の地方公務員ですが、給与の支給はなく（無報酬）、ボランティアとして活動しています。また、民生委員は児童福祉法に定める児童委員を兼ねることとされています。

　民生委員・児童委員になるために資格や知識は不要です。20歳以上で、地域の実情をよく知り、福祉活動などに理解と熱意がある人が、町内会や自治体などで推薦されます。したがって、「近所の人」が学区ごとに選出され、民生委員・児童委員になります。

　児童の登下校中の声かけや地域のパトロール活動、気になる家庭を各専門機関につなぐことなどをします。地域住民同士のため、「相談」という特別な枠組みを設けなくても、町中で出会ったときや訪問などを通じて、住民の困っていることに気づくことができます。

▶ 少年法の「少年」の定義

　少年法では、「少年」の定義を次のように定めています。

> ・少年：20歳に満たないもの
> ・犯罪少年：14歳以上で罪を犯した少年
> ・触法少年：14歳未満で罪を犯した少年
> ・虞犯少年：将来罪を犯すおそれがある少年

恵美さんは中学2年生で、今回、事件の時点では誕生日を迎えておらずに13歳だったため、刑事責任を問われることはありません。もし、恵美さんが14歳になっていたとしても、20歳未満だった場合には、家庭裁判所の審判を受け、刑事処分が妥当かどうかを判断します。刑事事件が妥当と判断された場合には、検察官送致が決定し、大人と同じように裁判が行われ処分が決定します。

　虞犯少年や触法少年が問題や犯罪を犯した際、まずそれを発見した学校や警察から児童相談所に通告します。通告を受けた児童相談所は必要に応じて「一時保護」を実施し、児童心理司（207頁）や児童福祉司、医師によって家庭環境や心身の状態についてアセスメントをします。

　恵美さんのように重大な事案に関係している場合には、警察が保護してそのまま児童相談所に送致となり、一時保護となります。そしてアセスメントの結果に基づき、家庭裁判所への送致が適当かどうかの判断が行われます。

　家庭裁判所で子どもは裁判官と面接し、裁判官は子どもを観護措置にするか、審判不開始にするのか、在宅観護にするのかを判断します。再非行のおそれがないと認められると、調査のみを行い審判を開かずに事件を終わらせることになり、これを「審判不開始」といいます。

　審判が必要と判断された場合、審判開始までの間、自宅で調査を受けることを「在宅観護」といい、子どもの身柄拘束や保護が必要となった場合に「少年鑑別所」へ送致されることを「観護措置」といいます。少年鑑別所では、医師や看護師、法務技官と呼ばれる心理学を学んだ職員が対応し、2週間～8週間の間に得られた非行に影響を及ぼした子どもの資質や環境、改善のための指針などの結果がまとめられ、家庭裁判所に報告されます。

　家庭裁判所では、次のうちから処遇が決定します。

①児童相談所所長送致：非行性は高くないものの家庭環境などの環境面における保護に欠けると判断された場合、児童相談所で継続的な指導を受ける

②保護観察処分：社会内で更生できると判断された場合、決められた約束事を守りながら家庭などで生活し、保護観察官や保護司から生活や交友関係などについて指導を受ける

③児童自立支援施設送致：比較的低年齢の少年につき、開放的な施設での生活指導が相当と判断された場合、入所させて必要な指導を行い、その自立を支援する

④少年院送致：再非行のおそれが強く、社会内での更生が難しい場合には、少年院に収容して矯正教育を受けさせる

　処遇決定のために、家庭裁判所には非行事実を犯したか否かについての調査（法律調査）の結果と、少年が更生するためにどのような処分が適切かについての調査（社会調査）の結果が報告されます。法律調査は裁判官が行い、社会調査は家庭裁判所調査官（210頁）が行います。

　少年鑑別所では、「法務少年支援センター」という相談機関としても窓口を開き、家族、学校、支援者からの心理相談に応じています。非行や犯罪行為、親子関係や交友関係などの内容について、電話相談やカウンセリング、心理検査（208頁）などを無料で実施します。学内での窃盗や金銭トラブル、暴力行為などがあった場合に教職員が対応について相談することで、非行や大きなトラブルへの発展を予防することができます。地域の法務少年支援センターに電話で問い合わせてください。

▶ 児童相談所（非行相談）について

　児童相談所でも非行について相談することができます。虚言、家出、浪費など問題行動や触法行為について、児童心理司（207頁）や児童福祉司、医師らが保護者への面接・調査や心理・医学診断、必要に応じて

一時保護を実施したうえでの行動診断を行い、背景にある家族・親子関係や社会環境、心身の状況を明らかにし、児童の非行行動の改善や親子関係の修復、関係機関による支援体制を構築します。

▶ 児童自立支援施設の特徴とは？

「児童自立支援施設」は児童福祉法に定められている公立の施設で、不良行為をなし、またはなすおそれのある子どもや、家庭環境その他の環境上の理由により生活指導等を要する子どもを入所させ、個々の子どもの状況に応じて必要な指導を行い、その自立を支援し、併せて退所した者について相談その他の援助を行います。

　恵美さんのように家庭裁判所の審判によって入所することもありますが、家庭から児童相談所に相談して入所につながる子どもが半数を超えています。児童自立支援施設に入所した子どもは、地域の小・中学校等に通学させる場合と、施設内に分校・分教室の設置があってそこで勉強する場合があり、教育委員会（229頁）の判断によって学ぶ場を決定します。社会福祉士や教員免許の取得者、大学等で心理学を履修した方などが児童自立支援専門員として勉強を教えたり、家庭や関係機関との連携を取ったりします。また、保育士や社会福祉士の資格をもった児童生活支援員が食事や生活などの生活全般の指導を行います。

▶ 自立準備ホーム・更生保護施設の特徴とは？

　恵美さんは、児童自立支援施設に入ることになりましたが、もし少年院送致になり、出るときに家族が受け入れを拒否したり、家族がいなかったりした場合にはどうなるでしょう。更生保護事業法に基づき、刑務所や少年院などを出所したあと、帰る家のない人が、自立できるまでの間、一時的に住むことのできる民間施設を「更生保護施設」「自立準備ホーム」といいます。

　更生保護施設は法務大臣の認可を受けて運営している施設で、自立に

向けた生活指導を行う専門職員が在籍しています。自立準備ホームは、更生保護では保護しきれない方々を受け入れ、保護観察所に登録されたNPO法人、社会福祉法人などがそれぞれの特徴を活かして自立を促します。更生保護施設よりも設置基準がゆるく、ルールや特徴も多様です。利用者が自らどちらを希望するか決めることはできず、保護観察所が判断をします。

どちらも、自立に向けた生活指導や、飲酒や薬物に関する教育、社会生活を送るうえで必要な知識や能力の習得を行います。施設で生活ができる期間は保護観察所が決定しますが、平均して2～3か月程度となります。この期間内に仕事や住むところを職員の助けを借りながら見つけます。

▶ 保護観察官と保護司とは？

保護観察処分になった場合には、家庭で生活をしながら定期的に保護司または保護観察官と月2～3回面談を行います。保護観察官は国家公務員で、保護司は保護司法に基づき、法務大臣から委嘱を受けた非常勤の国家公務員（実質的に民間のボランティア）です。保護司は基礎的な知識を身につけるための研修を受けたうえで、対応にあたります。保護司がいない地域や対応が難しい場合には保護観察官が対応します。

面談では、約束事や生活の指針を守るよう指導するほか、就労の援助、本人の悩みに対する相談などを行います。

次のステップ

・将来に向けて⇒3-9
・自宅での生活が困難な場合⇒4-9

4-9 家庭での生活が困難な子どもの場合の施設

▼ 項目で扱っている範囲のチャート

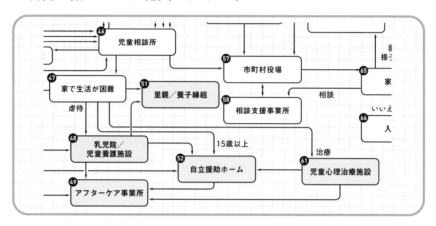

事例

　恵美さんは、基本的には家庭で生活をすることができていました。しかし、両親双方から虐待を受けていたり、養育している親が入院したり、死亡したり、刑務所に収監されたり、失踪したりと様々な理由によって家庭で生活をすることが困難な子どももいます。そうした場合に活用できる制度や児童福祉施設について解説します。

▶ 乳児院・児童養護施設の特徴とは？

　児童福祉法に基づき、何らかの事情で家庭における養育が困難になった原則1歳未満の乳児を入所させて養育を行うところを「乳児院」とい

います。しかし、必要に応じて就学前までの幼児期の養育も行います。最近では、子育てに悩む保護者への支援なども行う「乳幼児総合支援センター」としての役割を担っているところもあります。

「児童養護施設」は、乳児院同様、児童福祉法に基づき、何らかの事情で家庭における養育が困難になった2歳から18歳までの子どもたちを主に入所させて養育を行うところです。年齢とともに乳児院から児童養護施設に移る子も多くいます。

　乳児院も児童養護施設も、昔は大きな建物のなかで大人数で生活をする「大舎制」が多かったですが、現在は、できるだけ家庭に近い状態で養育をすることが望ましいとされ、20人未満で生活をする施設が増えており、12人未満で生活をする「小舎制」や6人の小規模グループでケアを行う「小規模グループケア」、地域の一軒家を利用して6人未満で生活をする「地域小規模児童養護施設（グループホーム）」もあります。現在は、大舎制が5割程度で、今後も小規模化が進む見通しです。

　児童養護施設には、日常の世話をしてくれる児童指導員や保育士だけでなく、看護師や調理員、栄養士、心理療法担当職員、家庭支援専門員（ファミリーソーシャルワーカー）、里親支援専門相談員など複数の専門職種が子どもたちの生活を支えています。

　入所している子どもたちは、地域の学校に通います。児童養護施設出身の子どもたちの高校進学率は全国平均とさほど変わりませんが、大学進学率が低く、その背景に学力のサポート不足や経済的・精神的な困難があります。就学支援新制度（227頁）の活用や児童養護施設を退所した方に無利子で都道府県が貸しつけを行う自立支援資金貸付事業の利用、生活困窮者自立支援制度の子どもの学習・生活支援事業（103頁）の活用など、様々な制度を活用し、子どもの学ぶ権利を保障する必要があります。さらに児童福祉法の改正により2024年4月から児童養護施設の退所年齢が撤廃され、子どもの成長や進路に合わせた自立支援を行うことが可能となりました。

▶ 自立援助ホームの特徴とは？

何らかの理由で家庭にいられなくなり、働かざるを得なくなった原則15歳から20歳まで（状況によっては22歳まで）の子どもたちが生活をする施設を「自立援助ホーム」といいます。児童養護施設に入所していた子どもが、義務教育を終えたあと、働くことを選択して入所に至ることもありますが、親からの虐待によって保護の一環として入所に至ることもあります。高校などに進学している子どもと働いている子どもは同じくらいの割合です。仕事を見つけて、新しい生活場所を見つけます。

▶ 児童心理治療施設の特徴とは？

心理的困難を抱え、日常生活の多岐にわたって生きづらさを感じて心理治療を必要とする子どもたちの治療を行う施設を「児童心理治療施設」といいます。これは児童福祉法に定められています。

近年は、虐待を受けている子どもや発達障害による二次障害がある子どもの入所が増えています。ほかにも家庭内暴力や不登校で苦しんでいる子どもも入所します。

対象は小・中学生が中心ですが、20歳未満の子どもが利用でき、利用は児童相談所長が適当と認めた場合に「措置」として決定されます。恵美さんも、非行の内容や状況によっては児童心理治療施設への措置になっていたかもしれません。基本的には入所措置を行い、退所後に通所機能や外来機能を使って治療を続けます。

施設のなかには、医師や心理療法士、児童指導員、保育士、教員といった多職種が配置されており、医師との診察や心理療法士とのカウンセリングを定期的に行います。地域の学校に通う施設もありますが、施設内に分教室・分校があり、施設内で学校教育を行う施設もあり、教育委員会（229頁）と相談して進めていきます。子どもへの支援だけでなく、保護者にも必要な支援を行います。発達障害の二次障害に関しての詳細

は、前田智行先生の『子どもの発達障害と感覚統合のコツがわかる本』（ソシム）を参照してください。

▶ 里親・養子縁組の特徴とは？

　児童相談所（194頁）に保護された子どもや、これまで説明してきた児童福祉法に定められている入所施設を利用している子どもを、自分の家庭に迎え入れて養育する人を「里親」といいます。里親になりたい希望者は児童相談所に申し込みを行い、調査や面接等によって里親として委託できるかの判断がなされます。

　里親には次の種類があります。

- 養育里親：養子縁組を目的とせずに子どもを預かって養育する。委託期間は数週間から成人になるまでと様々
- 専門里親：被虐待や非行、障害など専門的なケアを必要とする子どもを養育する。委託期間は2年で、必要に応じて延長が認められる
- 養子縁組里親：保護者のない子どもや実親が親権を放棄する意思が明確な子どもを、養子縁組を前提として養育する里親。6か月間子どもと同居したうえで決定される
- 親族里親：3親等以内の親族が養育する
- 短期里親：夏休みなどの長期休みに施設から家庭に帰省できない子どもを迎えたり、週末のみ子どもを家庭に迎えたりする

　里親と子どもの相性を見たり、経過を観察するのは児童相談所の役割になりますが、乳児院や児童養護施設（242頁）に入所している場合には、施設に配置されている里親支援専門員と連携を取ってアフターケアを行います。また、里親には毎月里親手当や通学費、進学準備金、医療

費などが実費で支給されます。支給金額は、里親の種類によって異なるため、各自治体の児童相談所に問い合わせてください。

　また、養育者の住居で複数の子どもを養育するのが、児童福祉法で定められている「小規模住居型児童養育事業（ファミリーホーム）」です。児童5〜6人の養育を行います。グループホームは職員が交代勤務で養育を行いますが、ファミリーホームは里親が一緒に生活しながら養育を行う点が異なります。

▶ 養子縁組の特徴とは？

　養育をする養親と、養育をされる養子との間に法律上の親子関係を作り出す制度を「養子縁組」といいます。養子縁組には、縁組後も実親子関係が存続する「普通養子縁組」と縁組により実親子関係が終了する「特別養子縁組」の2つがあります。

　普通養子縁組の場合、養親と養子の合意が必要で、養親や養子に配偶者がいる場合には配偶者の同意も必要となります。実親との親子関係も継続されるため、養親と実親が亡くなったときには両方の相続権が発生します。通常、親が再婚した場合に再婚相手との間で結ばれる養子縁組が普通養子縁組（225頁）です。

　特別養子縁組の場合は、養親は配偶者がいる者しかなることができず、夫婦共同で縁組を行います。また、養子は原則として15歳未満である必要があり、実父母の同意が必要で、実父母が意思を表示できない場合や子どもの利益を著しく害する理由がある場合のみ不要となります。そして、あらかじめ養親と養子が6か月以上一緒に生活することが条件です。実親との関係は終了するため、実親の相続権は失います。

　恵美さんの親のように離婚理由がDV（200頁）などの場合、親権（223頁）をもたない親（恵美さんの場合は父親）の扶養義務を消滅させたいと考える方も少なくないでしょう。その場合、恵美さんの母親が再婚し、

再婚相手と恵美さんが特別養子縁組を結べば、実父との関係を切ることができます。たとえば、恵美さんの母親が死亡した場合などには扶養義務が残っている父親が扶養する可能性があるため、そうしたことを避けたい場合などに有効です。両親の再婚にあたっての養子縁組は225頁を参照してください。

養子縁組は、児童相談所に希望する場合とNPO法人や病院など養子縁組をサポートしている民間の事業所に希望する場合があります。それぞれ手続きやルールが異なるため、それぞれの違いや理念についてはしっかり調べ、どこに申し込むかを決める必要があります。

里親は子どもを「預かっている」状態ですが、養子縁組は子どもを「自分の子どもにする」ことになります。そのため、養子縁組では子どもを養育する場合の手当は、通常の親子が受け取る手当のみとなり、養子縁組に対する制度やサービスはありません。

養子縁組で押さえておきたいこと

・縁組後も実親子関係が存続する「普通養子縁組」
・縁組後は実親子関係が終了する「特別養子縁組」
・希望先は児童相談所か民間の事業所

▶ アフターケア事業所の特徴とは？

「アフターケア事業所」は、児童養護施設（242頁）、自立援助ホーム（244頁）、児童心理治療施設（244頁）、児童自立支援施設（240頁）を退所した方、ファミリーホーム、里親のもとを巣立った方に対して、仕事や住むところ、経済的な悩みや不安、心身の不調といった相談にのってもらえたり、お手伝いをしてもらえるところです。どのようなことを手伝ってもらえるかは、事業所によって異なります。

次のステップ

・就労についてサポートしてほしい場合⇒1-8
・大人になってからの経済面が心配な場合⇒1-11
・大人になってから住むところが心配な場合⇒2-7

　「本書の特徴と使い方」の13 ～ 14頁に社会保障制度の大枠について説明をしました。ここでは、社会保障制度のうち、社会保険と社会福祉について、特に重要な箇所を具体的に説明します。

　本文に出てくる制度や機関が社会保険、社会福祉、公的扶助、公衆衛生のどこに含まれるのか、さらに5つの社会保険のうちのどの保険の話なのか、どの法律に定められているのかなどがわかると、対象者や制度の運用について理解しやすくなります。

社会保険の種類

　社会保険は、日々、保険料を納めることで、ケガや病気、失業などの困った事態に直面したときに生活を保障する仕組みです。社会保険には、「医療保険」「年金保険」「介護保険」「雇用保険」「労働者災害補償保険（通称：労災保険）」の5つがあります。このうち、「医療保険」は全国民、「年金保険」は20歳以上60歳未満、「介護保険」が40歳以上の全国民が強制加入となります。

「雇用保険」と「労災保険」は雇用されている労働者が入る保険となります。社会保障は国民が自らの意思で加入する・しないを決めることができず、年齢や働き方で加入が自動的に決まります。働き方や給与によって保険料が決定し、毎月、給与から天引きされたりして支払います。

医療保険：医療が必要なときに医療費を軽減する（22、27頁）
年金保険：老齢や障害等で収入を失ったときに給付される（67頁）
介護保険：介護が必要なときに介護費を軽減する
雇用保険：失業で収入を失ったときや就労に関して給付される（37頁）

労災保険：労働中に起きた事故や病気に対する補償（28頁）

　社会保険は国が制度としてつくった保険ですが、民間保険は、民間企業の保険会社が売っている商品で、保険会社によって様々な商品があり、個人が必要に応じて加入の有無を決めることができます。民間保険は、民間企業の保険会社が売っている商品で、「生命保険（第1分野）」「損害保険（第2分野）」「医療保険（第3分野）」があります。具体的には次のようなものになります。

　生命保険：死亡したときに保険金が支払われる
　　　　　　　例）終身保険、養老保険、個人年金保険など
　損害保険：財産が被害を受けた場合に補償される
　　　　　　　例）火災保険、自動車保険、地震保険など
　医療保険：医療や介護が必要になった場合に支払われる保険
　　　　　　　例）医療保険、ガン保険、民間介護保険など

　社会保障とは異なるため、本書では取り上げませんでした。

社会福祉の意味

「社会福祉」を辞書で調べると、「生活困窮者、身寄りのない老人・児童、身体障害者など、社会的弱者に対する公私の保護および援助」と記されています（デジタル大辞泉〔小学館〕）。日本には社会福祉を達成するために多くの法律がありますが、本書では、障害者に関連する法律と、児童に関する法律を主に扱いました。

障害者に関する法律について

　障害者に関する法律のうち、障害者が使用できる福祉サービスについて具体的に定められているのが「障害者総合支援法」です。
　2005年に障害者自立支援法ができ、どの障害であっても同じ制度や

サービスが受けられるようになりました。そして、2013年にこの障害者自立支援法が改正され、障害者総合支援法が施行されました。このときに、障害者の定義に「難病」が加わり、身体障害・知的障害・精神障害・発達障害だけでなく、366疾病が対象となりました。

　本書では、精神障害者・発達障害者を事例として取り上げていますが、身体障害者や難病の方も同様に制度を使うことができます。障害者総合支援法は、サービスの内容によって6つに大別されます。

介護給付：介護の支援が必要な場合に用いることができる

訓練給付：日々暮らしていくために必要な訓練を支援する

相談支援：障害者や家族等からの相談に応じ、必要な情報提供と助言を行う（66頁）

自立支援医療：心身の障害を除去・軽減するための医療費の自己負担額を軽減する（21頁）

補装具：補装具を必要とする者に対し、補装具の購入にかかった費用の一部または全部を支給

地域生活支援事業：障害者（児）が個人としての尊厳にふさわしい日常生活または社会生活を営むことができるよう、自治体の特性や利用者状況に応じて実施する。

　　　例）地域活動支援センター（101頁）、移動支援事業（105頁）、日中一時支援（182頁）等

　次頁表の「介護給付」で「児」とついているサービスは、障害児も使うことができます。生活介護（104頁）、行動援護（105頁）、居宅介護（136頁）については、事例と併せて第2章で説明しました。

　介護給付を利用したい場合には市町村役場に支給申請を行い、障害支援区分の認定を受ける必要があります。障害支援区分は、1〜6まであり、数字が大きくなるほど障害が重度であることを示します。障害支援区分によって利用できるサービスや量が異なります。

訪問系	介護給付	居宅介護 者児（ホームヘルプ）	自宅で、入浴、排せつ、食事の介護等を行う
		重度訪問介護 者	重度の肢体不自由者又は重度の知的障害若しくは精神障害により行動上著しい困難を有する者であって常に介護を必要とする人に、自宅で、入浴、排せつ、食事の介護、外出時における移動支援等を総合的に行う
		同行援護 者児	視覚障害により、移動に著しい困難を有する人が外出する時、必要な情報提供や介護を行う
		行動援護 者児	自己判断能力が制限されている人が行動するときに、危険を回避するために必要な支援、外出支援を行う
		重度障害者等包括支援 者児	介護の必要性がとても高い人に、居宅介護等複数のサービスを包括的に行う
日中活動系		短期入所 者児	自宅で介護する人が病気の場合などに、短期間、夜間も含め施設で、入浴、排せつ、食事の介護等を行う
		療養介護 者	医療と常時介護を必要とする人に、医療機関で機能訓練、療養上の管理、看護、介護及び日常生活の世話を行う
		生活介護 者	常に介護を必要とする人に、昼間、入浴、排せつ、食事の介護等を行うとともに、創作的活動又は生産活動の機会を提供する
施設系		施設入所支援 者	施設に入所する人に、夜間や休日、入浴、排せつ、食事の介護等を行う

※引用：厚生労働省「障害福祉サービスについて」（https://www.mhlw.go.jp/stf/seisakunitsuite/bunya/hukushi_kaigo/shougaishahukushi/service/naiyou.html）より作成

　この支援区分を決定するために行われるのが認定調査です。市町村の認定調査員が、申請のあった本人及び保護者等と面接をし、調査項目等について認定調査を行います。このとき、どういったサービスを利用したいかの意向聴取も併せて行うこともできます。また、認定調査に併せて、本人及び家族等の状況や、現在のサービス内容や家族からの介護状況等を調査します。

　主治医がいる場合は、医師意見書を主治医に依頼し、認定調査の結果と医師意見書により一次判定と二次判定が行われ、障害支援区分が認定されます。その後、障害支援区分に合わせて、利用したいサービスの申請を行います。障害支援区分の認定は18歳以上の障害者の場合に必要となり、18歳未満の児童が利用したい場合には、面接と簡易な調査のみで利用できます。

「訓練給付」は、就労などの訓練が必要な場合に用いることができます。各サービスの詳細は、事例を通じて第1〜2章で説明しています。

　訓練給付を利用する場合の手順は、107頁の事例と併せて説明していますが、訓練給付と異なり、障害支援区分の認定を受けずに市町村役場で受給者証の申請をすると同時にサービス等利用計画を作成します。事例では、就労継続支援事業を例に挙げていますが、就労移行支援（63頁）や就労定着支援（72頁）、自立訓練（112頁）、共同生活援助（114頁）も同様の手続きとなります。

「補装具」は、利用者の負担上限額が定められており、市町村民税世帯非課税者以外の者の上限は37,200円、市町村民税世帯非課税者の上限は0円となっています。支給の対象となる補装具は、眼鏡や補聴器、車椅子、歩行補助つえなどで、厚生労働省のHP「補装具種目一覧」を検索すると詳細が載っています。

居住支援系	自立生活援助 者	1人暮らしに必要な理解力・生活力等を補うため、定期的な居宅訪問や随時の対応により日常生活における課題を把握し、必要な支援を行う
	共同生活援助 者	夜間や休日、共同生活を行う住居で、相談、入浴、排せつ、食事の介護、日常生活上の援助を行う
訓練系・就労系 訓練等給付	自立訓練（機能訓練）者	自立した日常生活または社会生活ができるよう、一定期間、身体機能の維持、向上のために必要な訓練を行う
	自立訓練（生活訓練）者	自立した日常生活または社会生活ができるよう、一定期間、生活能力の維持、向上のために必要な支援、訓練を行う
	就労移行支援 者	一般企業等への就労を希望する人に、一定期間、就労に必要な知識及び能力の向上のために必要な訓練を行う
	就労継続支援（A型）者	一般企業等での就労が困難な人に、雇用して就労する機会を提供するとともに、能力等の向上のために必要な訓練を行う
	就労継続支援（B型）者	一般企業等での就労が困難な人に、就労する機会を提供するとともに、能力等の向上のために必要な訓練を行う
	就労定着支援 者	一般就労に移行した人に、就労にともなう生活面での課題に対応するための支援を行う

※引用：厚生労働省「障害福祉サービスについて」（https://www.mhlw.go.jp/stf/seisakunitsuite/bunya/hukushi_kaigo/shougaishahukushi/service/naiyou.html）より作成

16の特定疾病で、かつ40～64歳の方は、65歳以上の方と同様に介護保険法の介護保険サービスを利用することができます。本書では、介護保険法は割愛しています。

子どもが心身ともに健やかに生まれ、かつ育つことを国や国民が保障することを目的として制定されているのが「児童福祉法」です。児童福祉法で定める「児童」は18歳未満となり、障害児、保育、母子保護、児童虐待防止対策を含むすべての児童の福祉を支えます。障害児へのサポートが児童福祉法に規定されているものだけでは不十分な場合、原則、18歳以上の障害者が使う障害者総合支援法の制度を活用できます。

障害者総合支援法では2013年に難病が対象となりましたが、医療的ケア児（人工呼吸器による呼吸管理、喀痰吸引その他の医療行為が必要な児童）は、2016年の児童福祉法で支援の「努力義務」が各省庁及び地方自治体に課されるに留まっていました。そのため、児童福祉法に定められている保育園や児童発達支援事業所などでは医療的ケアが行えるスタッフ（看護師等）の配置が進まず、利用が難しい状況でした。

しかし2021年6月に「医療的ケア児及びその家族に対する支援に関する法律」が成立し、各省庁及び地方自治体は、医療的ケア児への支援に「責務」を負うことになりました。これにより、児童福祉法によって定められている施設や事業、学校教育法で定められている学校で、家族のつき添いなしで施設に通えるようになるための専門職の配置が進められます。また、都道府県知事は、医療的ケア児支援センターを設置する社会福祉法人等を指定することができ、医療的ケア児及びその家族の相談に応じ、情報提供や助言を行ったり、関係機関への情報提供や連携を行ったりします。このように子どもの場合、児童福祉法では対応しきれないものについては他の法律で補われます。

障害福祉サービスは障害者総合支援法や児童福祉法に規定されていま

すが、それを実際に運用するために、予算を立て、施設や職員を配置していく必要があります。そのために「福祉計画」といわれるものが作成されます。

　こうした福祉計画は、策定委員が決め、市民の意見を取り入れる期間を設けて決定します。たとえば「市町村障害福祉計画」の作成の場合、市町村内にある障害福祉に関連する社会福祉法人や障害者団体、障害福祉課などが担当します。委員の構成メンバーは各市町村 HP に公表されています。また、毎年11月から12月頃（自治体によって異なる）に計画の素案が公表され、パブリックコメントとして一定期間、市民からの意見を募集しています。市町村の HP のフォームや郵送、ファックスなどで意見を提出することができます。社会保障制度は、国民の実情に合わせて変化していくものです。既存の制度が使いにくい時や足りないときには、ぜひ意見を行政に伝えてください。

福祉計画（市町村・都道府県作成分）

　障害福祉：障害者計画、障害福祉計画、障害児福祉計画
　児童福祉：子ども・子育て支援事業計画、次世代育成支援のための行
　　　　　　　動計画
　高齢福祉：介護保険事業（支援）計画、老人福祉計画

カバー・本文デザイン　二ノ宮匡（nixinc）
カバー・本文イラスト　ぷーたく
DTP　初見弘一（TOMORROW FROM HERE）

流れと対応がチャートでわかる！
子どもと大人の福祉制度の歩き方

2024年4月10日　初版第1刷発行
2024年6月6日　初版第3刷発行

著　者　浜内彩乃
発行人　片柳秀夫
編集人　志水宣晴
発　行　ソシム株式会社
　　　　https://www.socym.co.jp/
　　　　〒101-0064 東京都千代田区神田猿楽町1-5-15 猿楽町SSビル
　　　　TEL：(03)5217-2400（代表）
　　　　FAX：(03)5217-2420

印刷・製本　　中央精版印刷株式会社

定価はカバーに表示してあります。
落丁・乱丁本は弊社編集部までお送りください。送料弊社負担にてお取替えいたします。
ISBN978-4-8026-1457-3　©Ayano Hamauchi 2024, Printed in Japan